Citámbulos Mexico City
Journey to the Mexican Megalopolis

Viaje a la megalópolis mexicana

Reise in die mexikanische Megalopole

Edited by

Ana Álvarez, Fionn Petch, Valentina Rojas Loa, Christian von Wissel and Kristien Ring (DAZ)

jovis

This book is published in conjunction with the exhibition, *Citámbulos-Stadtwandeln In Mexico City*, held from July 24 to September 21, 2008 at the Deutsches Architektur Zentrum, Berlin. This exhibition is a coproduction between Deutsches Architektur Zentrum, Citámbulos and Alfred Herrhausen Gesellschaft. It took place in the context of the twin city agreement between Berlin and Mexico City under the auspices of the Mayor of Berlin, Klaus Wowereit. The exhibition is supported by the Deutsches Architektur Zentrum, Alfred Herrhausen Gesellschaft, Lotto Stiftung, Gobierno del Distrito Federal, Secretaría de Cultura del Distrito Federal, Consejo Nacional para la Cultura y las Artes, Instituto Nacional de Antropología e Historia, Fundación / Colección Jumex, Goethe-Institut Mexiko, Secretaría de Relaciones Exteriores, Embajada de México en Alemania, Ringo Plast, Kalzip, Kaldewei, Interface Flor, Miele, Reproplan Berlin and Viessmann.

 ➔ Concept: Citámbulos (Ana Álvarez, Fionn Petch, Valentina Rojas Loa, Christian von Wissel). Editing: Citámbulos with Kristien Ring (DAZ). Graphic design: Luis Rodríguez. Research and Essays: Citámbulos, Sol Aréchiga, Humberto Berlanga, Carol Elías, Peter Krieger, Rodrigo Remolina, Gabriel Rodríguez, Fernando Serrano, Claudia Wondratschke. Assistant editor: Nuria Ibáñez. Translation: Carolina Orloff, Fionn Petch (Spanish-English), Anne Sieberer (Spanish-German). Proof reading: Sandra Luna with Sol Aréchiga (Spanish), Maren Wetcke with Nils Dallmann (German), Fionn Petch (English). Photographic record of the exhibition: Dante Busquets, Till Budde. ➔ Printing and binding: GCC Grafisches Centrum Cuno, Calbe.

Bibliografische Information der Deutschen Bibliothek.
Die Deutsche Bibliothek verzeichnet diese Publikation in der Deutschen Nationalbibliografie; detaillierte bibliografische Daten sind im Internet über http://dnb.ddb.de abrufbar.

jovis Verlag GmbH
Kurfürstenstraße 15/16
10785 Berlin
www.jovis.de

ISBN: 978-3-939633-76-1

Picture credits:
Mark Powell (cover, back-cover, pp. 262-263); Dante Busquets (pp. 4-5, 151, 216, 219, 260); Víctor Mendiola (pp. 20-21, 176, 179); Alfredo Cottin (pp. 22-27, 74,77); Till Budde (pp. 32-33, 236, 268-269, 272); Pablo López Luz (pp. 34, 37); Pavka Segura (pp. 102); Nirvana Paz (pp. 105, 148); Ramiro Chaves (pp. 238-239, 270-271), Johanna Gardauer (pp. 261, top-left).

Citám-bulos Mexico City

jovis

TERESA

The German Center for Architecture DAZ has dedicated the year 2008 to the observation of paradigmatic megacities. After New York and Seoul, the exhibition *Citámbulos – Journey to the Mexican Megalopolis*, taking place within the framework of a 15-year-long city partnership between Berlin and Mexico City, presents yet another important contribution to the discussion on mega cities world-wide.

This megalopolis of 20 million continues to be perceived as an impenetrable Leviathan by many. The view is reinforced by the increasing fragmentation of the urban environment, and the loss and inaccessibility of public space. The subsequent retreat of its citizens into the private sphere has lead to the disappearance of their sense of urban identity. The Citámbulos research collective seeks to reverse the trend. Ana Álvarez, Fionn Petch, Valentina Rojas Loa and Christian von Wissel have been exploring the megalopolis for several years, focusing on formal and informal everyday situations in the city. The Citámbulos' work questions the impact of these situations as driving forces for social, economic and cultural processes. Their book *Citamblers – The Incidence of the Remarkable. Guide to the Marvels of Mexico City*, published in 2006, provided the initial trigger for the DAZ to make this journey through the urban phenomena of Mexico City available to the Berlin public. The exhibition links informal solutions to formal initiatives and completed architectural projects. Citámbulos, in their preferred interdisciplinary and experimental approach, are letting us participate in the everyday life of the megalopolis with all our senses — and in their critical and often humorous view which determines their love for little details which are often submerged in more mundane concerns. For the travellers of *Citámbulos* the arrival of this exhibition in Berlin represents the accomplishment of their trip through their own city. For the visitor to the DAZ it is the start of an urban expedition into the phenomena of that megalopolis. We are especially pleased that the journey does not end here — Citámbulos is also investigating urban phenomena in Berlin for presentation in Mexico City. The dialogue between Berlin and Mexico City, reinforced by the colloquium *Citámbulos - Urban Strategies, a Mexico City - Berlin Dialogue* at the DAZ, will continue in the future.

I would like to thank everybody who has made *Citámbulos – Journey to the Mexican Megalopolis* possible; especially to Foundation Lotto for their support of the project, to the Cultural Secretary of Mexico City, to the Governing Mayor of Berlin, Klaus Wowereit, for his patronage of the exhibition, and furthermore to the Association of German Architects BDA. I am particularly indebted to the research collective *Citámbulos* and to the Alfred Herrhausen Society as our co-operation partner for their excellent and inspiring collaboration.

Kristien Ring
DIRECTOR, GERMAN CENTER FOR ARCHITECTURE DAZ

El Centro Alemán de Arquitectura (Deutsches Architektur Zentrum DAZ) ha dedicado el año 2008 al análisis de megaciudades paradigmáticas. Antecedida por las exposiciones dedicadas a Seúl y Nueva York, *Citámbulos – Un viaje a la megalópolis mexicana*, realizada en el marco del xv aniversario de la hermandad entre Berlín y México, contribuye de manera significativa a la discusión sobre el futuro de las megaciudades.

Esta megalópolis de veinte millones de habitantes aún es, en la imaginación de muchos, un monstruo impenetrable. La fragmentación progresiva del espacio urbano, aunada a la pérdida y falta de acceso al espacio público, refuerzan esta imagen. La consecuente tendencia a recluirse en lo privado lleva a los habitantes de la Ciudad de México a perder su identidad urbana. Citámbulos, colectivo de investigadores formado por Christian von Wissel, Ana Álvarez, Valentina Rojas Loa y Fionn Petch, aspira a revertir esta tendencia. A modo de flâneurs, estudian desde hace años el significado de situaciones cotidianas, formales e informales como fuerza motora de procesos sociales, económicos y culturales. Su libro *Citámbulos – El transcurrir de lo insólito. Guía de asombros de la Ciudad de México*, editado en 2006, alentó en el DAZ el deseo de que el público berlinés viviera este viaje a través de los fenómenos urbanos de la Ciudad de México. La exposición reúne soluciones informales, iniciativas formales y proyectos construidos; desarrolla, además, un complejo y minucioso manifiesto a favor de una urbe en permanente transformación.

Los miembros de Citámbulos nos acercan a la vida cotidiana de la megalópolis de una manera experimental e interdisciplinaria, con una mirada crítica pero lúdica y amorosamente atenta a los pequeños detalles que se nos escapan fácilmente en el día a día. La exposición en Berlín es, para los viajeros urbanos de Citámbulos, la culminación del viaje por su propia Ciudad de México. Para el visitante del DAZ, empieza aquí un viaje hacia los fenómenos de la megalópolis. Nos alegra especialmente el hecho de que esta travesía continúe: Citámbulos rastrea también en Berlín fenómenos urbanos para presentarlos posteriormente en la Ciudad de México. El diálogo entre Berlín y México, que pudimos profundizar con el coloquio que tuvo lugar en el DAZ, *Citámbulos - Urban Strategies, a Mexico City-Berlin Dialogue*, se extenderá en el futuro.

Agradezco a todos los que hicieron posible *Citámbulos* - Un viaje a la megalópolis mexicana, en especial a la Fundación Lotto, por su apoyo al proyecto; la Secretaría de Cultura de la Ciudad de México, al alcalde de Berlín, Klaus Wowereit, por otorgar su aval a la exposición; y a la Federación de Arquitectos Alemanes, BDA. Un agradecimiento muy especial al Colectivo Citámbulos y a la Alfred Herrhausen Gesellschaft por su excelente e inspirador trabajo en conjunto.

Kristien Ring

DIRECTORA DEL CENTRO ALEMÁN DE ARQUITECTURA DAZ

Das Deutsche Architektur Zentrum DAZ hat das Jahr 2008 der Betrachtung exemplarischer Megacities gewidmet. Nach New York und Seoul können wir mit der Ausstellung *Citámbulos – Stadtwandeln in Mexico City*, die im Rahmen der 15-jährigen Städtepartnerschaft Berlin- Mexiko-Stadt stattfindet, einen bedeutsamen Beitrag für die Diskussion um die Zukunft der Megacities weltweit leisten.

In der Vorstellung Vieler ist die Zwanzig-Millionen-Megalopole noch immer ein undurchdringlicher Moloch. Die fortschreitende Fragmentierung des Stadtraums sowie der Verlust und die Unzugänglichkeit des öffentlichen Raums verstärken dieses Bild. Die daraus resultierende Tendenz, sich stets mehr ins Private zurückzuziehen, führt für die Bewohner von Mexico City zum Verlust ihrer urbanen Identität. Das Forscherkollektiv Citámbulos will dem entgegenwirken. Als Stadtwandler widmen sich Christian von Wissel, Ana Álvarez, Valentina Rojas Loa und Fionn Petch bereits seit mehreren Jahren der Untersuchung der alltäglichen formellen und informellen Situationen der Stadt und deren Bedeutung als treibende Kraft hinter sozialen, ökonomischen und kulturellen Prozessen. Ihr 2006 erschienenes Buch *Citamblers – The Incidence of the Remarkable. Guide to the Marvels of Mexico City* war für das DAZ die Initialzündung, die Reise zu den urbanen Phänomenen von Mexico City für das Berliner Publikum erlebbar zu machen. Entstanden ist ein vielschichtiges, intensives und sinnliches Plädoyer für eine lebendige Stadt. Die Ausstellung verbindet informelle Lösungen mit formellen Initiativen und gebauten Projekten. Citámbulos lassen uns mit ihrem interdiziplinären und experimentellen Ansatz den Alltag in der Megalopole mit allen Sinnen erfahren – mit kritischem, aber auch humoristischem Blick und der Liebe für die kleinen Details, die wir im täglichen Leben leicht übersehen. Für die Stadtwandler von Citámbulos formt die Ausstellung in Berlin die Ankunft ihrer Reise durch ihre eigene Stadt, Mexico City. Für die Besucher des DAZ beginnt hier die urbane Reise zu den Phänomenen der Megalopole. Es freut uns besonders, dass diese Reise weiter geht: Citámbulos spürt auch in Berlin urbane Phänome auf, um diese in Mexico City zu präsentieren. Der Dialog zwischen Berlin und Mexico City, der mit dem Kolloquium *Citámbulos - Urban Strategies, a Mexico City-Berlin Dialogue* im DAZ vertieft wurde, wird auch Zukunft fortgesetzt.

Ich danke allen, die *Citámbulos – Stadtwandeln in Mexico City* möglich gemacht haben; insbesondere der Stiftung Lotto für ihre Unterstützung des Projekts, der Kulturbehörde von Mexiko-Stadt, dem Schirmherren der Ausstellung, dem Regierenden Bürgermeister von Berlin, Klaus Wowereit, sowie dem Bund Deutscher Architekten BDA. Mein besonderer Dank gilt dem Forscherkollektiv Citámbulos und der Alfred Herrhausen Gesellschaft als Kooperationspartner für die herausragende und inspirierende Zusammenarbeit.

Kristien Ring

DIREKTORIN DEUTSCHES ARCHITEKTUR ZENTRUM DAZ

Whether the cities of the world will continue to grow — in Europe as well — is not in question. The question is rather how, where, and in what kind of cities do we want to live? Cities are centers of economic power, but also of creativity and diversity. They are also big consumers of energy, water and environmental resources. In large cities, the world's problems get concentrated into a smaller space.

Deutsche Bank's Alfred Herrhausen Society and the London School of Economics joined forces in 2005, together with partners from around the world, to shape the Urban Age, in order to prevent it from overwhelming us. Following conferences in New York, Shanghai, London, Johannesburg, Berlin, and Mumbai, we looked at Mexico City in 2006 and are continuing our attention to Latin-American cities in 2008 with our focus on São Paulo. Furthermore, the Alfred Herrhausen Society introduced the Deutsche Bank Urban Age Award to honor alliances for shared responsibility between residents, companies, NGOs, researchers, and public-sector institutions that help improve quality of life in big cities.

Over the past years, an international Urban Age network has been created, bringing together mayors, researchers, architects, urban planners, NGOs and community development initiatives dedicated to improving the future of urban areas. Thanks to our cooperation with the research collective Citámbulos and the German Centre for Architecture this network has been intensified between Mexico City and Berlin. The Citámbulos' exhibition presents Mexico City as an experience for all the senses. It deals with individual components of the city, making it tangible by highlighting details of its urban life. The focus is always on the people who shape the city. How do they deal with the consequences of pollution and the scarcity of water? What are their attitudes towards their government and their own identity? Citámbulos provides answers to such questions.

The Alfred Herrhausen Society will continue to work on behalf of the cities of the future, which have already become almost as important as nation states. The goal of our work is to pool the range and diversity of experience in our network, in order to develop a grammar of success for big cities.

Ute Weiland
DEPUTY DIRECTOR, ALFRED HERRHAUSEN SOCIETY

El crecimiento constante de las ciudades del mundo —y de Europa— no está en duda. La pregunta es más bien cómo, dónde y en qué tipo de ciudades queremos vivir. Las urbes son centros de poder económico, pero también de creatividad y diversidad. Asimismo, son grandes consumidores de energía, agua y recursos naturales. En las grandes ciudades, los problemas que aquejan al mundo se concentran en un pequeño espacio.

La Sociedad Alfred Herrhausen del Deutsche Bank y la London Schools of Economics conjuntó esfuerzos en 2005, junto con otros socios alrededor del mundo, para darle forma al proyecto Urban Age, y poder prevenir así que la era de las ciudades nos rebase. Después de las conferencias realizadas en Nueva York, Shangai, Londres, Johanesburgo, Berlín y Mumbai, en 2006 dirigimos nuestra atención a la Ciudad de México. En 2008 nuestro interés en las urbes latinoamericanas persiste, con énfasis en San Pablo, Brasil. Aunado a esto, la Sociedad Alfred Herrhausen introdujo el Reconocimiento Deutsche Bank-Urban Age dirigido a fortalecer las alianzas de responsabilidad compartida entre habitantes, compañías, organizaciones no gubernamentales, investigadores e instituciones públicas que contribuyan al mejoramiento de la calidad de vida en las grandes ciudades.

En los últimos años se ha creado una red internacional de Urban Age que ha articulado a alcaldes, investigadores, arquitectos, urbanistas, organizaciones no gubernamentales e iniciativas comunitarias de desarrollo dirigidas al mejoramiento de las futuras zonas urbanas. Gracias a nuestra cooperación con el colectivo de investigación Citámbulos y el Centro Alemán de Arquitectura DAZ, esta red se ha fortalecido tanto en la Ciudad de México como en Berlín. La exposición de Citámbulos presenta a la Ciudad de México como una experiencia multisensorial. Examina los elementos individuales que la conforman y la hace tangible resaltando los detalles de la vida urbana. El foco de atención es siempre la gente que construye la ciudad. Cómo lidian los habitantes con las consecuencias de la contaminación y la escasez de agua y cuál es su actitud frente al gobierno y su propia identidad, son el tipo de preguntas para las que Citámbulos formula respuestas.

La Sociedad Alfred Herrhausen continuará trabajando por las futuras ciudades del mundo, que hoy en día se han vuelto casi tan importantes como los estados nacionales. Nuestro objetivo es articular la diversidad de experiencias recogidas por los miembros de nuestra red con el fin de escribir una gramática que contribuya al éxito de las grandes urbes.

Ute Weiland

DIRECTORA ADJUNTA, SOCIEDAD ALFRED HERRHAUSEN

Ob die Städte der Welt weiter wachsen werden — bald auch in Europa — steht nicht zur Frage, sondern wie, wo und in welchen Städten wir leben wollen. Städte sind Kraftzentren der Wirtschaft, der Kreativität, der Vielfalt. Sie sind Großverbraucher von Energie, Wasser und Umwelt. Alle Probleme der Welt sind in einer Großstadt auf dichtestem Raum enthalten.

Die Alfred Herrhausen Gesellschaft der Deutschen Bank und die London School of Economics haben sich 2005 verbunden, um gemeinsam mit Partnern aus aller Welt das Urban Age, das Zeitalter der Städte, zu gestalten, damit es uns nicht überwältigt. Neben Konferenzen in New York, Shanghai, London, Johannesburg, Berlin und Mumbai haben wir uns 2006 Mexico City gewidmet und werden die Betrachtung der lateinamerikanischen Städte 2008 mit Sao Paulo fortsetzen. Darüber hinaus hat die Alfred Herrhausen Gesellschaft den Deutsche Bank Urban Age Award ins Leben gerufen, mit dem sie neue Verantwortungspartnerschaften zwischen Bürgern, Unternehmen, NGOs, der Wissenschaft sowie staatlichen Einrichtungen auszeichnet, die zur Verbesserung des Lebens in großen Metropolen einen Beitrag leisten.

In den vergangenen Jahren ist ein grenzüberschreitendes Urban-Age-Netzwerk von Bürgermeistern, Wissenschaftlern, Architekten, Stadtplanern, NGOs und Bürgerinitiativen entstanden, die sich für die Zukunft der Megastädte engagieren. Durch unsere Kooperation mit dem Forscherkollektiv Citámbulos und dem Deutschen Architektur Zentrum DAZ wird dieses Netz zwischen Mexico City und Berlin weiter vertieft: Die Ausstellung der Citámbulos macht Mexico City mit allen Sinnen erlebbar und zeigt die Stadt in ihren Einzelteilen, indem sie Details des urbanen Lebens hervorhebt und greifbar macht. Im Mittelpunkt stehen dabei immer die Menschen, die die Stadt prägen: wie gehen sie mit den Folgen der Umweltverschmutzung und Wasserknappheitum? Wie ist ihr Verhältnis zur Regierung und ihrer eigenen Identität ausgeprägt? Citámbulos zeigt Antworten auf diese Fragen.

Die Alfred Herrhausen Gesellschaft wird sich auch weiterhin für die Städte der Zukunft einsetzten, da diese bereits fast so wichtig wie Nationalstaaten geworden sind. Ziel unserer Arbeit ist es, die vielfältigen Erfahrungen in unserem Netzwerk zu bündeln, um eine Grammatik des Erfolges für große Städte zu entwickeln.

Ute Weiland

STELLVERTRETENDE DIREKTORIN, ALFRED HERRHAUSEN GESELLSCHAFT

Para el gobierno de la Ciudad de México, es de primordial importancia trabajar en el fortalecimiento de estructuras sustentables que hagan perdurar en un primer plano las relaciones culturales y los lazos fraternales entre las ciudades del mundo.

Citámbulos es, sin duda, una aportación sensible a la importancia de proponer y fomentar canales verdaderos de interacción entre ciudadanos de distintas latitudes, basados en el diálogo cultural, los intereses comunes y una visión comprometida con los retos que plantea la situación global contemporánea.

Nos es muy grato ser parte de este gran proyecto, que deja aquí su valioso testimonio y experiencia, la que compartimos con un espíritu de hermandad, paz, cordialidad y mutuo aprecio.

SECRETARÍA DE CULTURA
GOBIERNO DEL DISTRITO FEDERAL

Für die Regierung von Mexiko-Stadt ist es von besonderer Bedeutung, Strukturen zu fördern, die die kulturellen Verbindungen und weltweiten städtepartnerschaftlichen Beziehungen nachhaltig stärken.

Citámbulos ist ohne Zweifel ein einfühlsamer Beitrag zum Aufbau eines dauerhaften Dialogs zwischen Stadtbürgern unterschiedlicher Breiten. Basierend auf dem kulturellen Austausch, den gemeinsamen Interessen und den aktuellen globalen Herausforderungen entwickeln sich verantwortungsbewusste Visionen.

Wir sind sehr erfreut, Partner dieses außergewöhnlichen Projekts zu sein, das von vielseitigen Erfahrungen zeugt; Erfahrungen, die wir in Freundschaft und gegenseitiger Hochachtung teilen.

KULTURBEHÖRDE
REGIERUNG VON MEXIKO-STADT

For the government of Mexico City it is of prime importance to reinforce sustainable structures which ensure the durability of cultural relations and fraternal links with cities around the world.

Citámbulos is without doubt a major contribution, alert as it is to the importance of proposing and developing authentic channels for citizens from different latitudes to interact with each other on the basis of cultural dialogue and an affinity based on shared interests, and with a perspective committed to facing the challenges set by the new global age.

It is an enormous pleasure for us to be part of this great project, which sets out here its valuable experience and testimony, which we share in a spirit of brotherhood, peace, cordiality and mutual respect.

SECRETARY OF CULTURE
MEXICO CITY GOVERNMENT

The exhibition *Citámbulos – Journey to the Mexican Megalopolis* allows visitors to penetrate Mexico City and get to know up close the encounters and conflicts that arise there every day. The show is a dialogue between the myriad aspects of the conurbation: its texts, photographs, videos, soundscapes, and objects are invitations to learn, and rediscover, what it is that nourishes and enlivens the streets of the Mexican capital.

Citámbulos permits us to see that — beyond the routines of economics and politics — the vitality of this city lies in personal contact, wherever it takes place: on public transport, at work, or in brief moments of leisure. The exhibition promotes an approach to urban society that explores its codes for living together, those cultural rituals that are so interiorized as to be almost forgotten. This hinders our assessment of their significance and their reasons for existing, which only come to be recognized when nearly extinct, under threat, or when an attempt to replace them leads to violence.

In this sense, *Citámbulos* is a great work of modern anthropology that seeks to explain the meaning and vitality of Mexico City; this is why the National Institute for Anthropology and History (INAH) is supporting its labors. This new century needs disciplines that go beyond archives and mere facts; it demands supple and methodologically solvent mechanisms that contribute to the better understanding of what we call reality. Coming to understand the pulse of this megalopolis is a key step towards its — and our — survival.

NATIONAL INSTITUTE FOR ANTHROPOLOGY AND HISTORY

La exposición *Citámbulos - Un viaje a la megalópolis mexicana* permite adentrarse en la Ciudad de México y conocer de cerca los encuentros y conflictos que en ella se suscitan diariamente. La muestra es una suerte de diálogo entre el sinfín de realidades de la urbe; sus textos, fotografías, videos, paisajes sonoros y objetos invitan a conocer y reconocer aquello que nutre y hace vivo el espacio público de la capital mexicana.

Citámbulos nos permite descubrir que, por encima de las rutinas económicas y políticas, la vitalidad de este centro urbano está en las relaciones personales, dondequiera que éstas surjan: en el transporte colectivo, el ajetreo laboral y el ocio momentáneo. La exposición propicia el acercamiento a la sociedad urbana mediante la exploración de sus códigos de convivencia, esos ritos culturales tan interiorizados que las más de las veces son ignorados. Ello impide sopesar su pertinencia y razón de ser, la cual reconocemos sólo cuando está por extinguirse, cuando es vulnerada, o bien, cuando un intento por sustituirla da lugar a la violencia.

En ese sentido, *Citámbulos* es un gran trabajo de antropología moderna que pretende explicar el significado y vitalidad de la Ciudad de México; de ahí el apoyo que brinda el Instituto Nacional de Antropología e Historia. Este nuevo siglo requiere disciplinas que vayan más allá de los archivos y la compulsa de datos; reclama mecanismos ágiles y metodológicamente solventes que contribuyan a comprender aquello que denominamos realidad. Conocer las pulsaciones de esta megalópolis es un paso clave para su — y nuestra — supervivencia.

INSTITUTO NACIONAL DE ANTROPOLOGÍA E HISTORIA

Die Ausstellung *Citámbulos - Stadtwandeln in Mexico City* lässt uns in die täglichen Begegnungen und Konflikte von Mexiko-Stadt eintauchen und diese von innen her erfahren. Sie ist der geglückte Dialog zwischen den vielseitigen Realitäten dieser Megalopole; ihre Texte, Fotos, Videos, Klanginstallationen und Objekte laden dazu ein, die Essenz aufzuspüren, die dem öffentlichen Raum der mexikanischen Hauptstadt Kraft und Lebendigkeit gibt.

Citámbulos ermöglicht es, hinter der wirtschaftlichen und politischen Routine die zwischenmenschlichen Beziehungen zu entdecken, die — wo immer sie auftreten — diesem urbanen Zentrum ihre Vitalität geben: im Verkehr, im Berufsleben und in der Freizeit. Die Ausstellung ermöglicht es, sich der urbanen Gesellschaft durch die Erforschung ihrer Verhaltensformen zu nähern: kulturelle Riten, die derart verinnerlicht sind, dass sie zumeist unbemerkt bleiben. Ihre Pertinenz und Existenzberechtigung bleibt oft unterbewertet, wir nehmen sie erst wahr, wenn sie schwach und vom Aussterben bedroht sind, oder aber, wenn Versuche, sie zu ersetzen, Gewalt hervorrufen.

In diesem Sinne ist *Citámbulos* ein wichtiges Dokument zeitgenössischer Anthropologie, das versucht die Bedeutung und die Vitalität von Mexiko-Stadt zu erklären. Das Staatliche Institut für Anthropologie und Geschichte (INAH) unterstützt diesen Ansatz. Das neue Jahrhundert braucht Wissensformen, die über das Studium der Archive und der reinen Datensammlung hinausgehen. Es braucht flexible und methodisch eigenständige Mechanismen, welche dazu beitragen das zu begreifen, was wir Realität nennen. Den Pulsschlag der Megalopole Mexiko zu kennen ist ein wichtiger Schritt für ihr — und unser — Überleben.

STAATLICHES INSTITUT FÜR ANTHROPOLOGIE UND GESCHICHTE

Cuando se nos invitó a colaborar en el proyecto *Citámbulos – Un viaje a la megalopolis mexicana*, una propuesta que aborda y expone los fenómenos urbanos más sobresalientes de la vida contemporánea de la Ciudad de México, vimos en ello, una excelente ocasión de contribuir en un proyecto que al igual que nosotros tiene como fin desarrollar la cultura mexicana.

Quien ha visitado Ciudad de México, es consciente de que vivir, deambular, transitar y desplazarse por esta ciudad es una experiencia única. En esta gran urbe, *Citámbulos* apostó por el día a día. Confluyeron el interés urbano y la mirada artística, regalándonos pinceladas sorprendentes hacia el medio ambiente, el espacio público, a estrategias de supervivencia, la seguridad, los conflictos socio-espaciales y la construcción de identidad. Para ello, la exhibición es presentada mediante un guiño urbanita, haciendo a través del mapa de un ficticio Metro un formato ideal de exhibición de sus piezas.

En Fundación / Colección Jumex nos complace poder ser partícipes de *Citámbulos*, ya que significa, una experiencia enriquecedora con un grupo interdisciplinario de artistas, a quienes agradecemos la oportunidad de poder aportar nuestro entusiasmo y por ende refrendar nuestro compromiso con el ámbito artístico y la sociedad en general, dando a conocer a México a través de su arte y cultura en el mundo.

Eugenio López Alonso
PRESIDENTE, FUNDACIÓN / COLECCIÓN JUMEX

Abaseh Mirvali
DIRECTORA EJECUTIVA

Citámbulos – *Stadtwandeln in Mexico City*, ein Projekt das die urbanen Phänomene des Alltagslebens von Mexiko-Stadt aufspürt und zugänglich macht, ist genau wie wir an der Förderung der mexikanischen Kultur interessiert. Um so großer war unsere Freude als wir eingeladen wurden, an diesem Projekt mitzuarbeiten.

Wer Mexiko City besucht hat, weiß, dass es eine einzigartige Erfahrung ist, in dieser Stadt zu leben und sie auf verschiedene Weisen zu durchstreifen. In dieser riesigen Stadt hat *Citámbulos* auf das kleine Alltägliche gesetzt. Aus urbanen Interessen und künstlerischen Sichtweisen werden unterschiedliche Lebenskonzepte, Themen der Sicherheit, territoriale Konflikte und verschiedenste Identitätsformen in der städtischen Umwelt und im öffentlichen Raum aufgespürt. In diesem Sinne folgt die Ausstellung einer städtebaulichen Struktur und präsentiert sich in Form eines fiktiven U-Bahnsystems.

Für die Fundación / Colección Jumex ist es eine große Freude, Teil von Citámbulos zu sein. Die Zusammenarbeit mit einer interdisziplinären Gruppe von Künstlern ist für uns eine bereichernde Erfahrung. Wir bedanken uns, unseren Enthusiasmus beisteuern zu dürfen und unsere Verantwortung für Kunst und Gesellschaft bekräftigen zu können, indem wir Mexiko international mit seiner Kunst und Kultur präsentieren.

Eugenio López Alonso
PRÄSIDENT, FUNDACIÓN / COLECCIÓN JUMEX

Abaseh Mirvali
GESCHÄFTSFÜHRENDE DIREKTORIN

When we were invited to participate in *Citámbulos – Journey to the Mexican megalopolis*, a project that deals with the most remarkable urban phenomena in the contemporary life of Mexico City, we saw an excellent opportunity to contribute to a project which seeks — as we do — to advance Mexican culture.

Anyone who has visited Mexico City is aware that living in, walking, transiting and getting around the city is a unique experience. Of all this huge city, *Citámbulos* put its money on the everyday life. Urban interests and an artistic outlook merged, composing a picture of the environment, public space, survival strategies, socio-spatial conflicts and identity-building. To achieve this, the exhibition is presented in the form of an urban allusion, using a fictional Metro map as the ideal format for presenting the pieces.

At Fundación / Colección Jumex we are delighted to be a part of *Citámbulos* and of the enriching experience involved in working with an interdisciplinary group of artists. We thank them all for the opportunity to contribute our enthusiasm and to reaffirm our commitment to the arts and to society in general, by making the art and culture of Mexico better known throughout the world.

Eugenio López Alonso
PRESIDENT, FUNDACIÓN / COLECCIÓN JUMEX

Abaseh Mirvali
EXCECUTIVE DIRECTOR

A - 5
C - 9
INTER
VIDEO P
SERVICIO-VENT.
TEL. 57
CON GA
NO SI
FAVOR D

A-6
C-19
EN
GRITAR

In the eyes of the world, **Mexico City is an allegory for gigantism. The city is seen as a vast Pandora's Box containing all the evils of the urban world. Pollution, poverty, violence and corruption break records again and again. From afar, the problems of this megalopolis, like the houses that extend to the horizon, seem endless.**

Looking closer, however, we see there is order within the chaos. In ever new ways, the inhabitants find creative answers to the challenges of their city. The Citámbulos collective of urban investigators — the Citamblers — pursue the traces of everyday life and reveal the major and minor phenomena of the megalopolis. Anthropologists, photographers, artists, political and economical analysts, architects, and city planners have explored their surroundings and located the people, sounds, landscapes, stories, objects, cultural symbols — as well as architectural and urban planning projects — that are both characteristic of Mexico City and contribute to the international discussion on the future of mega-cities.

In reference to the Mexico City metro system, this book invites you to go on a journey into the Mexican megalopolis. The reader chooses the route, as well as where to get off and take a stroll. Thirty stations on six thematic lines guide you through the marvels of everyday life in Mexico City.

En los ojos del mundo, la Ciudad de México se presenta como la alegoría del gigantismo y como una caja de Pandora en la que se concentran todos los males de la esfera urbana. Los índices de contaminación, pobreza, violencia y corrupción rompen récords. De lejos, los problemas de esta urbe, como las casas que se extienden hacia el horizonte, parecen no tener fin.

De cerca, sin embargo, se identifica un orden dentro del caos. En formas que continuamente se renuevan, los habitantes encuentran respuestas creativas a los desafíos que les plantea su ciudad. Los Citámbulos, un colectivo de investigación urbana, siguen los rastros de la vida cotidiana y revelan los fenómenos grandes y pequeños de la megalópolis. Antropólogos, fotógrafos, artistas, politólogos, economistas, arquitectos y urbanistas exploraron la urbe y ubicaron gente, sonidos, paisajes, historias, objetos, símbolos culturales y proyectos arquitectónicos y urbanísticos característicos de la Ciudad de México, que simultáneamente contribuyen a la discusión internacional sobre el futuro de las megalópolis.

En alusión al sistema de metro de la Ciudad de México, este libro es un viaje a través de la megalópolis mexicana. El lector escoge la ruta, dónde bajarse y dónde dar un paseo. Treinta estaciones distribuidas en seis líneas temáticas guían a través de los asombros cotidianos de la Ciudad de México.

In den Augen der Welt ist Mexiko-Stadt Sinnbild für städtischen Gigantismus. Sie gilt als Büchse der Pandora des urbanen Übels. Smog, Armut, Gewalt und Korruption sprengen immer wieder die Statistiken. Die Probleme der mexikanischen Megalopole — ganz so wie ihre bis zum Horizont reichenden Häuser — scheinen kein Ende zu nehmen.

Bei genauerem Hinsehen aber erkennt man versteckte Ordnung im Chaos. Auf verschiedene Weise finden die Bewohner kreative Antworten und Lösungen auf die Herausforderungen ihrer Stadt. Das Forscherkollektiv Citámbulos — Stadtwandler — folgt den Spuren des täglichen Lebens und deckt die kleinen und großen Phänomene der Megalopole auf. Anthropologen, Fotografen, Künstler, Politik- und Wirtschaftswissenschaftler, Architekten und Stadtplaner haben Mexiko-Stadt durchforscht und Personen, Klänge, Landschaften, Geschichten, Objekte, kulturelle Symbole sowie architektonische und stadtplanerische Projekte aufgesucht, die charakteristisch für Mexiko-Stadt sind und zugleich Beiträge für die internationale Diskussion um die Zukunft der Megastädte leisten.

In Anlehnung an das U-Bahnsystem der Stadt lädt dieses Buch dazu ein, eine Reise in die mexikanische Megalopole zu unternehmen. Der Leser wählt seine eigene Route und entscheidet, wo er anhalten und sich umschauen will. 30 Stationen auf sechs thematischen Linien führen experimentell durch die Besonderheiten des Alltags von Mexiko-Stadt.

Sistema temático de la Ciudad de México tipo metro

Thematisches U-Bahn-Netz von Mexiko-Stadt

Thematic Metro System of Mexico City

Thematic Metro System of Mexico City
Sistema temático de la Ciudad de México tipo metro
Thematisches U-Bahn-Netz von Mexiko-Stadt

Mind the Gap
Brechas
Zwinger

Arena Mexico
Arena México
Arena Mexiko

Multi-purpose
Milusos
Mehrzweck

= video web-link: www.citambulos.net/expo/video
= videogame web-link: www.citambulos.net/expo/videogame
= soundscape web-link: www.citambulos.net/expo/soundscape
= flip-book web-link: www.citambulos.net/expo/flipbook
= urban and architectural projects: pages 240-259 of this book

In vielen Städte ist der Schoßhund ein Modeaccessoire, in Mexiko-Stadt ist er Teil der Wohnzimmereinrichtung
Hauszaunkönig
Aztekentäubchen

Geschmacks-
verirrung
Die mexikanischen Migranten sind in den
USA Maurer, zu Hause aber Architekten

Overflow

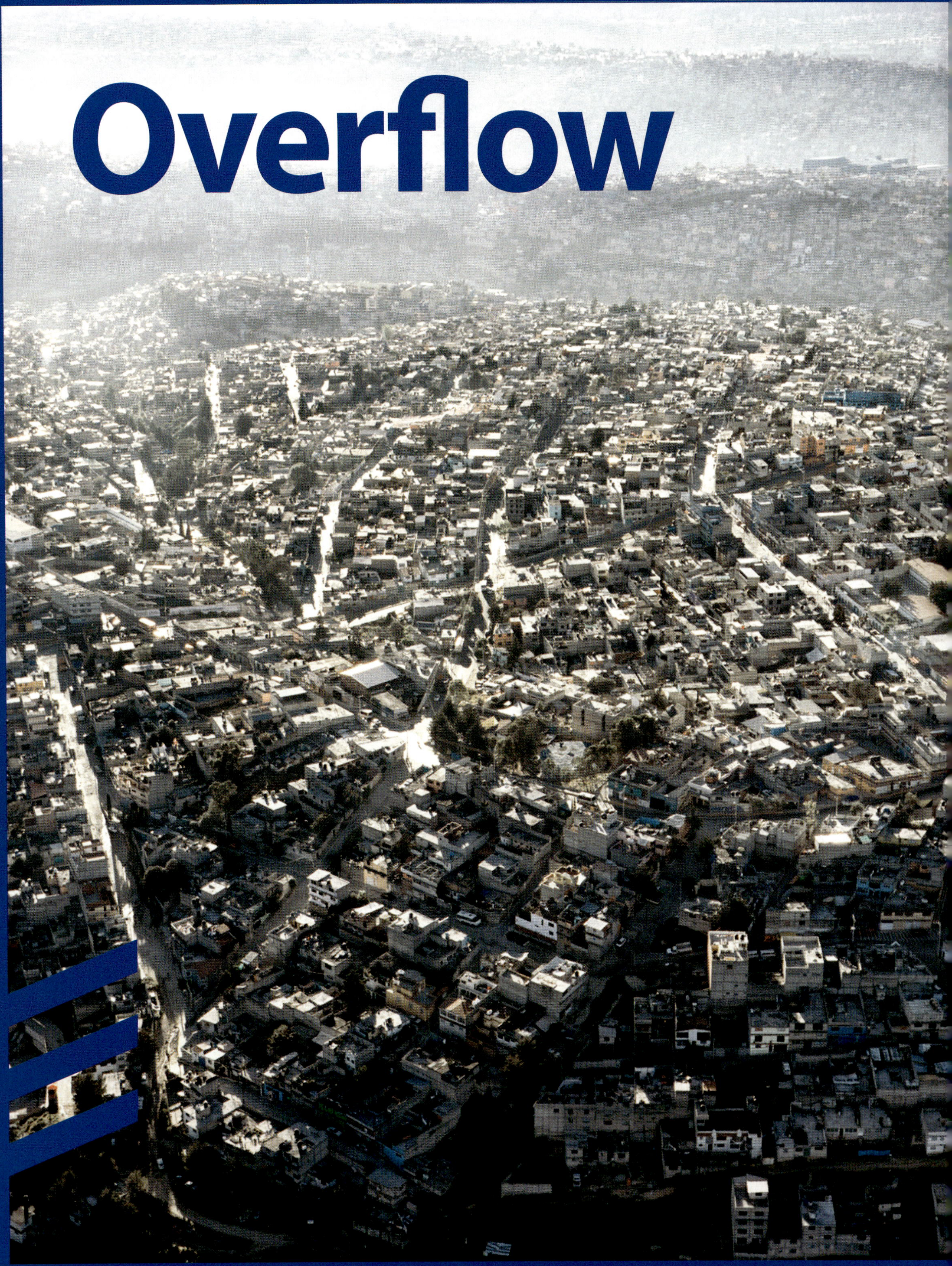

The Mexican Basin has born witness three times to the existence of a great city: around 500 AD, Teotihuacán brought together over 200 000 inhabitants; in 1521, Tenochtitlan, the Aztecs' city on the lake, formed an urban agglomeration of almost one million inhabitants; and modern Mexico City, built directly upon the ruins of its predecessor and spread over five dried-up lakes, has grown to a megalopolis of more than twenty million inhabitants, known as the Metropolitan Area of the Valley of Mexico (MAVM). ➔ The excessive growth of the city, the radical modification of the basin's ecosystem, together with its location in a zone of seismic and volcanic activity, mean the inhabitants are exposed to major and constant dangers: frequent earthquakes and floods; a dwindling supply of water in aquifers, landslides in the ravines; dust clouds over the dry lake beds; high levels of pollution and a drainage system at its limits, threatening to overflow into the streets. ➔ All this, combined with the deep socioeconomic inequalities fragmenting the population, has created an apocalyptic image of the city in the imagination of both inhabitants and the rest of the world. Nevertheless, Mexico City, while vulnerable and chaotic, is also resistant and dynamic. It is a city of contrasts in constant evolution.

Desbordamiento → Tres veces la Cuenca de México ha sido testigo de la existencia de una gran ciudad: hacia el año 500 d.C. Teotihuacán congregó a más de 200 000 habitantes; hacia 1521 Tenochtitlan, la ciudad lacustre de los aztecas, había formado un conglomerado urbano de casi un millón de habitantes; y la actual Ciudad de México, edificada directamente sobre las ruinas de su antecesora y sobre cinco antiguos lagos hoy desecados, se ha convertido en una megalópolis de más de veinte millones de habitantes denominada "Zona Metropolitana del Valle de México" (ZMVM). → El crecimiento desmedido de la urbe, la alteración radical de las condiciones naturales de la cuenca y su ubicación en una zona sísmica y en un eje volcánico hace que sus habitantes estén expuestos a graves riesgos: temblores e inundaciones frecuentes, el agotamiento inminente de los acuíferos, deslaves en zonas de barrancas, tolvaneras en los lechos de los ex lagos, altos niveles de contaminación y sobresaturación de un drenaje que amenaza con inundar la ciudad. → Esto, sumado a las profundas desigualdades socioeconómicas que fragmentan a su población, ha llevado a la construcción de un imaginario apocalíptico tanto en sus propios habitantes como en los del resto del mundo. Sin embargo, la Ciudad de México, además de ser caótica y vulnerable, es dinámica y resistente. Es una urbe de claroscuros en constante evolución.

Maßlosigkeit → Das Tal von Mexiko hat schon drei große Städte erlebt: Um 500 n. Chr. die Stadt Teotihuacán mit über 200 000 Einwohnern, um 1521 Tenochtitlán, die Seenstadt der Azteken mit über einer Million Einwohnern und heute schließlich Mexiko-Stadt, die *Zona Metropolitana del Valle de México* (ZMVM, Metropolregion des Tals von Mexiko), eine Megalopole mit 20 Millionen Einwohnern. Diese wurde direkt auf den Ruinen ihrer Vorgängerin und auf fünf ausgetrockneten Seen erbaut. → Durch das unverhältnismäßige Wachstum der Stadt, den radikalen Eingriff in die natürlichen Gegebenheiten des hydrologischen Beckens und die geografische Lage auf einer vulkanischen Achse sind die Bewohner großen Gefahren ausgesetzt: Es gibt Erdbeben und bei starkem Regen sehr häufig Überschwemmungen; die Grundwasservorräte gehen zur Neige; in den steilen Seitentälern im Westen der Stadt kommt es zu Erdrutschen und auf der anderen Seite, in den Gebieten der trockengelegten Seen, zu Sandstürmen; die Luftverschmutzung ist hoch und das Abwassersystem ist überlastet, sodass die Stadt auch hierdurch zu überfluten droht. Hinzu kommen große sozioökonomische Unterschiede. → In der Folge stellt sich sowohl die heimische Bevölkerung als auch der Rest der Welt die Stadt häufig als Horrorszenarium vor. Aber Mexiko-Stadt ist nicht nur chaotisch und verletzlich, sondern auch dynamisch und resistent — eine kontrastreiche Metropole in ständiger Bewegung.

CALLE
JERECUARO

Parachutists

As if they had simply fallen from the sky, the numerous self-built urbanizations in Mexico City are an inescapable part of the urban landscape. They have been expanding ever since they first appeared in the 1940s, and, in varying states of physical consolidation, are home to approximately half of the city's population.

The term 'parachuting' sums up the reality of a city whose rapid demographic growth forced it to give vent to the resultant housing pressures through land invasion. An outstanding example is the occupation of the rocky ground now known as the Santo Domingo neighborhood, to the south of the city, where in 1971 a group of Maoists organized the 'free fall' of 25 000 'parachutists'. However, the great majority of cases of parachuting are in fact a business for those who, endorsed by an environment of political cronyism and negligence, have parceled out and sold the land without incurring any housing development costs. This is how Nezahualcóyotl City was born in 1945; at the time, the biggest informal 'housing estate' in the world. Today, consolidated as a municipality, it is home to 1 200 000 people.

In general, the parachutist has to assume a three-fold cost: buying a plot of land without any legal papers; building a house with his own hands; and improvising the infrastructure of basic services, such as electricity, water, drainage and street paving. Schools, hospitals, cultural centers, green areas? Luxuries no one can afford to think about. Nevertheless, after a while the government usually regularizes the ownership of the land, so that many popular suburbs which emerged as parachuting settlements are consolidated, and sometimes they are even taken up by the formal housing market.

Despite the risks, self-building is undoubtedly the only way people with very low incomes can build up their own capital. This is due to the fact that the initial costs are relatively low and the 'home in progressive construction' — together with the family as a solid socioeconomic nucleus — allows the building stages to be adjusted to the owners' financial ups and downs. In turn, this facilitates the adaptation of the home to circumstances, incorporating in the same space a shop, a car repair workshop, or a room for the grandmother or the recently-married daughter.

←

Citámbulos.
(Photos / Fotos).

↓

The façades of the houses are witness to the process of consolidation of the illegal settlements. Over the years, the cardboard and tin shacks develop into houses of up to three stories.

Las fachadas de las casas son testimonio del proceso de consolidación de los asentamientos irregulares: con los años, las chozas de lámina y cartón se transforman en casas de hasta tres pisos.

Die Fassaden der Häuser geben Zeugniss des Konsolidierungsprozesses der Selbstbausiedlungen: Hütten aus Blech und Karton wachsen über die Jahre zu Häusern mit bis zu drei Stockwerken heran.

When I arrived, there were still fish here, and migratory birds, but over time it dried up as people started to colonize...

We went through hard times, there was no water, no electricity, we had to struggle to survive... we used to walk to get a bucket of water, what was here was salty.

Cuando yo llegué, todavía había chichicuilotes, charalitos, pero con el tiempo se fue secando porque la gente empezó a colonizar...

Pasamos muchas inclemencias, no había agua, no había luz, teníamos que luchar para sobrevivir...y caminábamos para buscar una cubeta de agua, la que había era salada.

Als ich hierher gekommen bin, gab es noch kleine Zugvögel, es gab Fische, aber mit der Zeit wurde der See trocken, weil die Leute begannen ihre Häuser darauf zu bauen....

Wir haben viel mitgemacht: kein Wasser, kein Strom. Wir mussten uns durchkämpfen, um zu überleben... und da gingen wir eben zu Fuß los, um einen Eimer Wasser aufzutreiben, denn es gab nur Salzwasser.

ERNESTINA MATEOS. ORIGINALLY FROM VERACRUZ.
ORIGINARIA DE VERACRUZ.
URSPRÜNGLICH AUS VERACRUZ.

The beginnings of Ciudad Nezahualcóyotl

RAÚL ROMERO. A DEVELOPER OF NEZAHUALCÓYOTL.
UN FRACCIONADOR DE NEZAHUALCÓYOTL.
EIN PARZELLIERER VON NEZAHUALCÓYOTL.

I started to buy around 1944... first I bought a piece of land of 350 000 square meters from an American...he sold me that and there I founded the Mexico neighborhood. Later I bought another 350 000 square meters from a banker and made the Romero neighborhood.

Yes, I think that used to happen, selling the same piece of land several times. But they did it because they didn't know how to deal with people. We, for example, never sold a piece of land twice...

Empecé a comprar por el año de 1944... primero compré un terreno de 350 mil metros a un americano..., él me lo vendió y ahí fundé la colonia México. Posteriormente compré otros 350 mil metros a un banquero e hice la colonia Romero."

Sí, creo que hubo algo de eso [vender un terreno varias veces]. Pero lo hacían por su desconocimiento de cómo tratar a la gente. Nosotros, por ejemplo, nunca vendíamos doblemente un terreno...

Zum ersten Mal habe ich im Jahr 1944 gekauft... zuerst kaufte ich einem Amerikaner ein Grundstück von 350 000 m^2 ab..., dort habe ich das Wohngebiet México gegründet. Später habe ich einem Banker nochmal 350 000 m^2 abgekauft und das Viertel Romero gegründet.

Ja, ich glaube schon, dass manchmal Grundstücke doppelt verkauft wurden. Aber das passierte aus Unwissenheit, weil man nicht wusste, wie man mit den Menschen umgehen sollte. Wir verkauften zum Beispiel nie ein Grundstück doppelt...

Paracaidistas

Las múltiples urbanizaciones de autoconstrucción forman parte ineludible del paisaje urbano. Desde los años cuarenta han surgido en toda la periferia y albergan, en estados de consolidación variables, a aproximadamente la mitad de la población. El término "paracaidismo" pretende resumir la realidad de una ciudad cuyo acelerado crecimiento demográfico encontró en la invasión una vía masiva de desahogo.

En este sentido, destaca la ocupación del pedregal de Santo Domingo, en el sur de la urbe, donde un grupo maoísta organizó el "libre aterrizaje" de 25 000 "paracaidistas" en 1971. Sin embargo, la mayoría de los casos de paracaidismo son un negocio para aquellos que, amparados por una política de clientelismo y negligencia, parcelaron y vendieron la tierra sin asumir los gastos de su urbanización. Así fue como nació en 1945 Ciudad Nezahualcóyotl, en ese entonces la urbanización informal más grande del mundo. Hoy, consolidado como un municipio, acoge a un millón 200 mil habitantes.

En general, "el paracaidista" tiene que asumir un triple costo: comprar un terreno sin escrituras legales, construir la casa con sus propias manos e improvisar la infraestructura de servicios básicos como electricidad, agua, drenaje y pavimentación. ¿Escuelas, hospitales, centros culturales o áreas verdes? Lujos en los que nadie, en un inicio, tiene tiempo de pensar. No obstante, el gobierno ha emprendido a lo largo de los años campañas de regularización de las tierras, de tal manera que muchas colonias populares que surgieron como asentamientos paracaidistas se han ido consolidando e incluso algunas han sido absorbidas por el mercado inmobiliario formal.

A pesar de los riesgos, la autoconstrucción es, sin lugar a dudas, la única forma en que la gente de escasos recursos logra hacerse de un patrimonio, ya que los gastos iniciales son relativamente bajos y la modalidad de "casa de construcción progresiva" —gracias al sólido núcleo económico-social que constituye la familia— permite ajustar las fases de la edificación a las posibilidades financieras y a las necesidades de sus propietarios. Por ello es posible que en el mismo predio convivan la casa inicial con la miscelánea, el taller mecánico, la habitación de la abuela y la de la hija recién casada.

←

Margarita Chavira de Pérez.
(Interviews / Entrevistas).

Orígenes de Ciudad Nezahualcóyotl.

Die Anfänge von Ciudad Nezahualcóyotl.

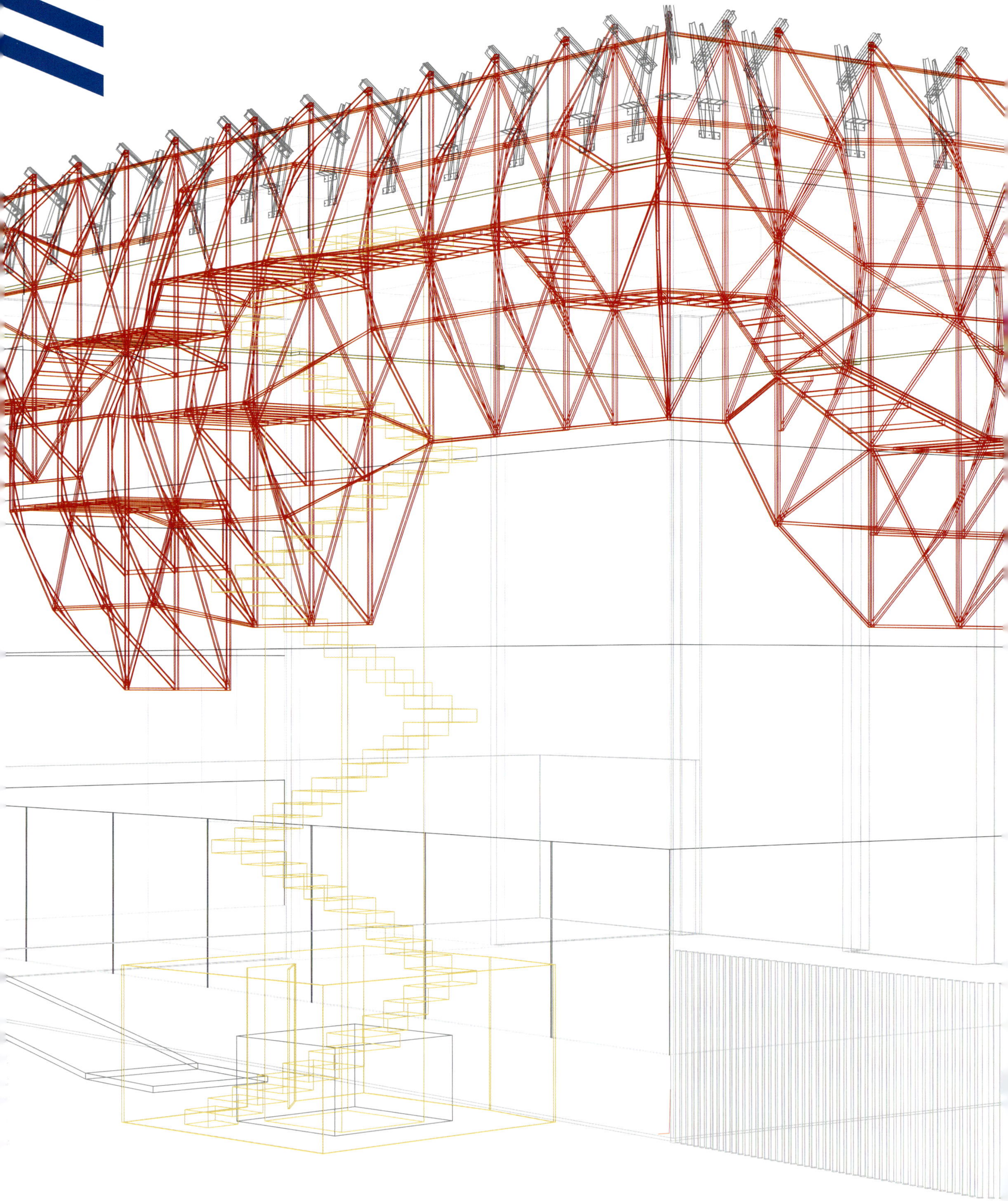

Fallschirmsprung

Sie sind aus der städtischen Landschaft nicht mehr wegzudenken: Die zahlreichen Selbstbausiedlungen schießen seit den 1940er Jahren überall in der Peripherie von Mexiko-Stadt aus dem Boden und bieten, in verschiedenem Maße konsolidiert, ungefähr der Hälfte aller Einwohner der Stadt ein Zuhause. Die Besiedlung von unerschlossenem Land als Ausweg für das rasante Bevölkerungswachstum wird in Mexiko *paracaidísmo* („Fallschirmspringen") genannt und illustriert damit begrifflich das ungeplante Auftauchen immer neuer Wohnviertel, als ob diese „aus heiterem Himmel" gefallen wären.

Ein Paradebeispiel dafür ist die Besetzung des Lavagesteinfeldes des heutigen Viertels Santo Domingo, eines Gebietes im Süden der Stadt, in dem eine maoistische Gruppe 1971 die „Landung" von 25 000 Siedlern organisierte, die das Gelände einnahmen, um dort zu bauen. Aber in den meisten Fällen ist die informelle Landnahme vor allem ein gutes Geschäft für diejenigen gewesen, die, geduldet von einer nachlässigen Politik, die Gelände parzelliert und verkauft haben, ohne die städtebaulichen Entwicklungskosten zu tragen. So entstand 1945 Ciudad Nezahualcóyotl, die damals größte informelle Siedlung der Welt. Heutzutage ist sie eine mit allen Einrichtungen entwickelte Stadt und beherbergt 1,2 Millionen Einwohner.

Im Allgemeinen entstehen für den *paracaidista*, den informellen Siedler, dreifache Kosten: Er muss ein Grundstück ohne Urkunden kaufen, das Haus mit eigenen Händen bauen und die Grundversorgung von Strom, Wasser, Kanalisation und Asphaltierung der Straßen improvisieren. Schulen, Krankenhäuser, Kulturzentren oder Grünflächen? Luxus, an den niemand auch nur denken konnte. Normalerweise regularisiert die Regierung im Laufe der Jahre den Grundbesitz und so können sich die *colonias populares*, die einfachen Wohnviertel, die als „Fallschirmspringersiedlungen" entstanden waren, nach und nach konsolidieren und Eingang finden in den formellen Immobilienmarkt.

Trotz aller Risiken ist der Selbstbau für einkommensschwache Schichten zweifellos die einzige Möglichkeit, zu Wohneigentum zu kommen, da die Anfangskosten relativ niedrig sind und der Bautyp des „wachsenden Hauses" — dank der Familie als solider wirtschaftlicher und sozialer Kern dieses Wachstums — es den Eigentümern ermöglicht, die Bauphasen an ihre finanziellen Möglichkeiten und Bedürfnisse anzupassen. Dadurch können beispielsweise in demselben Haus zunächst ein Gemischtwarenladen und später zusätzlich eine Autowerkstatt, ein Zimmer für die Oma und eines für die jung verheiratete Tochter entstehen.

←

Héctor Zamora.
Paracaidista, 2004 .
(Installation / Instalación).
Museo de Arte Carrillo Gil.

Inspired by the materials and methods used in self-built houses, this installation explicitly values the ingenious construction techniques of the 'parachutists' (informal settlers).

Inspirada en los materiales y procesos de la autoconstrucción, esta instalación valora el ingenio edificador de los paracaidistas.

Inspiriert durch die Materialien und Prozesse des Selbstbaus, würdigt diese Installation den baukonstruktiven Einfallsreichtum der Fallschirmspringer, der informellen Siedler.

TAQUERIA

Magic Carpet

In Mexico, as in most Latin American countries, the housing problem remains unsolved, since the state has been unable to find the right tools to deal with the overflowing population of the cities.

From the 1950s the economic and industrial growth of Mexico City triggered a demographic explosion that almost doubled the population, which rose from 3 million inhabitants in 1950 to 5 million in 1960. To respond to the increasing demand, the state built major social housing developments, such as the huge Miguel Alemán and the Nonoalco-Tlaltelolco residential blocks, considered landmarks of Mexican modernism. However, these projects were not enough to solve the problem. Around 60% of the population needing housing had no formal employment, which would allow them to access the credit plans offered by the state. As a consequence, many had to resort to other alternatives (such as 'parachuting'), and the social housing programes, rather than solving the problems they were created for, became focused on stimulating the economy through job creation.

Nowadays, social housing has moved from being a concern of the state to one of private enterprise, which has introduced a new social housing model consisting in vast rows of uniform homes, located far from the city. The mass production of these 'satellite cities' has allowed investors to reduce their construction costs while selling the houses at a relatively low price. On the other hand, the low quality of the materials used and the reduction in living space to a minimum, mean these houses are a bad deal for their buyers, who invest their money in properties with life-spans shorter than their mortgages. Finally, the amount of time that the inhabitants waste commuting to and from work has a significant impact on their quality of life.

←

Livia Corona.
Dos millones de casas para México.
(Photo / Foto).

Social housing developments built by private companies occupy huge tracts of land on the outskirts of the city.

La vivienda social construida por la iniciativa privada ocupa vastos terrenos de la periferia de la ciudad.

Der privatwirtschaftliche Sozialwohnungsbau erstreckt sich über weite Gebiete der städtischen Peripherie.

•

Urban Asymmetries, DSD Future Cities Program.
Urban Unities: Ecatepec.
(Project / Proyecto / Projekt).
P 240

Alfombra mágica

En México, al igual que en casi todos los países de América Latina, el problema de la vivienda sigue sin resolverse, ya que el Estado no ha podido encontrar las herramientas adecuadas para enfrentar el desbordamiento de las ciudades.

A partir de los años cincuenta, el crecimiento económico e industrial de la Ciudad de México detonó una explosión demográfica que casi duplicó la población, pasando de tres millones en 1950 a cinco millones de habitantes en 1960. Para responder a esta creciente demanda, el Estado gestionó grandes desarrollos de vivienda social como el multifamiliar Miguel Alemán y el conjunto habitacional Nonoalco-Tlaltelolco, ambos hitos del modernismo mexicano. Sin embargo, estos proyectos no bastaron para resolver el problema. Alrededor de 60% de la población necesitada de vivienda no gozaba de un empleo formal que le permitiera acceder a los programas de crédito ofrecidos por el Estado. Como consecuencia, muchos habitantes tuvieron que buscar otras alternativas —como el "paracaidismo"— mientras que los programas de vivienda social, más que resolver el problema para el que fueron creados, se orientaron a impulsar la economía a través de la creación de empleos.

Actualmente, la vivienda social ha dejado de estar en manos del Estado para pasar a las de la iniciativa privada, que ha introducido un nuevo modelo de vivienda social que consiste en extensas hileras de casas uniformes, ubicadas lejos de la ciudad. La producción en serie de estos satélites habitacionales ha permitido a los inversionistas reducir gastos en la construcción y ofrecer las casas a un precio relativamente bajo. Por otro lado, existen sistemas de crédito más flexibles, como el diseñado especialmente para la gente que recibe dinero desde Estados Unidos. Sin embargo, la baja calidad de los materiales utilizados en la construcción y la reducción del espacio habitacional al mínimo hacen que estas casas resulten la mayoría de las veces un fraude para sus compradores, quienes invierten en un patrimonio que se deteriora antes de terminar de pagarlo. Finalmente, la gran cantidad de tiempo que los habitantes pierden en trasladarse hasta su trabajo representa una notable disminución en su calidad de vida.

←

Livia Corona.
Dos millones de casas para México.
(Photo / Foto).

Wohnungsfrage

In Mexiko ist die „Wohnungsfrage", genauso wie in anderen Ländern Lateinamerikas, noch immer nicht gelöst, denn der Staat hat es bislang nicht geschafft, die landesweite Verstädterung in den Griff zu bekommen.

Das wirtschaftliche und industrielle Wachstum löste zu Beginn der 1950er Jahre eine Bevölkerungsexplosion aus, die die Einwohnerzahl von Mexiko-Stadt von drei Millionen im Jahre 1950 auf fünf Millionen im Jahre 1960 beinahe verdoppelte. Um der wachsenden Nachfrage auf dem Wohnungsmarkt nachzukommen, investierte der Staat in den sozialen Wohnungsbau und errichtete unter anderem die Wohnanlage Miguel Alemán und die Siedlung Nonoalco-Tlatelolco, beides Meilensteine des mexikanischen Modernismus. Diese Projekte waren aber zur Lösung des Problems nicht ausreichend. Ungefähr 60 Prozent der Wohnungssuchenden hatte keine formelle Anstellung und daher keinen Zugang zu den staatlichen Kreditprogrammen. Deshalb mussten viele Bewohner Alternativen suchen, wie vor allem die Besiedlung von nicht erschlossenem Land am Stadtrand. Die sozialen Wohnungsbauprogramme kurbelten zwar durch die Schaffung von Arbeitsplätzen die Wirtschaft an, lösten aber nicht das Problem, für das sie eigentlich eingesetzt worden waren.

Heutzutage liegt der soziale Wohnungsbau nicht mehr in den Händen des Staates, sondern ist auf private Bauträger übergegangen. Diese haben ein neues Modell von Sozialwohnungen eingeführt: lange Zeilen immer gleicher Reihenhäuser weit außerhalb der Stadt. Durch den Serienbau dieser Teppichsiedlungen können die Investoren Baukosten reduzieren und die Häuser zu einem relativ niedrigen Preis anbieten. Zudem gibt es heute flexiblere Kreditsysteme, die zum Beispiel speziell auf Familien, die Geldsendungen aus den USA erhalten, zugeschnitten sind. Allerdings werden diese Häuser aus qualitativ sehr minderwertigen Materialien gebaut, und der Wohnraum wird auf ein kaum noch zu vertretendes Minimum reduziert. Dies ist eine Art von verdecktem Betrug, da die Käufer in ein Eigentum investieren, das schon nach kurzer Zeit gravierende Mängel aufweist. Außerdem müssen sie von den Reihenhäusern bis zu ihrem Arbeitsplatz sehr weite Strecken zurücklegen, wodurch ihre Lebensqualität erheblich beeinträchtigt wird.

←

Livia Corona.
Dos millones de casas para México.
(Photos / Fotos).

Fortress City

Mexico City is a city divided by huge socioeconomic gaps, where there are districts with a Human Development Index comparable to that of countries such as Germany, the UK, or Belgium; and others with an index well below that recommended by the OECD. While the majority of people live in marginalized areas, crowded together with inefficient urban services, in the sectors where the wealthy live, there is better access to green areas, cultural spaces and to health and education centers, in addition to the benefits of good quality urban services.

Since the 1980s, the growth of the socioeconomic gap has led to an increasing sense of social as well as spatial isolation in the middle and upper classes, through the formation of access-controlled residential zones. These gated communities, however, are not the exclusive domain of the wealthy. Recent social housing developments and the arbitrary closure of streets, which takes place in all kinds of neighborhoods, have made this territorial model one of the most widely used in the city. However, the inhabitants pay for the exclusivity of their respective utopias with restrictions on their physical and social mobility, while the city — increasingly divided — runs the risk of disintegration.

It can't be denied that the model is a success. The model of the gated community embraces an unlimited array of variants that run from the supposedly sustainable community in the middle of the woods, to the 'self-sufficient city' built around a luxury golf club, by way of the housing development built literally sky-high, casting a huge shadow over the shanty town at its feet.

A paradigmatic case of this phenomenon, which has changed the structure of the MAVM in the last fifteen years, is the emergence of the new Santa Fe neighborhood, built on top of one of the city's landfills. What was once an autonomous utopian sixteenth-century 'hospital town' for indigenous people, is today an 'edge city' whose office towers seek to enrol Mexico City in the global economy. The rapid growth of Santa Fe has accelerated the creation of bridges, tunnels, ostentatious mega-projects, and upper-class housing areas that have to fight for land with the shantytowns in the ravines.

←

Dante Busquets.
(Photo / Foto).

Ciudad fortaleza

La Ciudad de México es una urbe de altos contrastes socioeconómicos donde coexisten delegaciones con un Índice de Desarrollo Humano comparable al de países como Alemania, Inglaterra y Bélgica y otras con un índice inferior al recomendado por organismos internacionales, como la Organización para la Cooperación y el Desarrollo Económico. Mientras que en las zonas marginadas la mayoría de las personas viven hacinadas y con servicios urbanos deficientes, las zonas donde habita la gente de mayores ingresos tienen mejor acceso a áreas verdes, espacios culturales y centros educativos y de salud, además de contar con servicios urbanos de buena calidad.

Desde los años ochenta el crecimiento de la brecha socioeconómica ha desembocado en el aislamiento tanto social como espacial de la clase media y alta a través de la formación de fraccionamientos residenciales de acceso controlado. Las *gated communities*, sin embargo, no son exclusivas de la gente con mayores recursos. Las nuevas urbanizaciones de vivienda social y el cierre de calles por parte de muchas comunidades de vecinos han convertido este modelo en uno de los más comunes para la estructuración territorial de la ciudad. Los habitantes pagan la exclusividad de sus respectivas utopías en detrimento de su movilidad física y social, mientras que la ciudad, cada vez más dividida, corre el peligro de desintegrarse.

No puede negarse, sin embargo, que el modelo tiene éxito. La tipología de las comunidades cerradas abarca un sinnúmero de variantes que van desde la comunidad supuestamente sustentable en medio del bosque, hasta la "ciudad autosuficiente", construida alrededor de un lujoso club de golf, pasando por un conjunto habitacional edificado literalmente "por los aires", cuya sombra se cierne sobre la colonia popular que está a sus pies.

Un caso paradigmático que ha cambiado la estructura de la ZMVM en los últimos quince años es el ascenso del nuevo Santa Fe, edificado encima de uno de los rellenos sanitarios de la ciudad. Lo que en el siglo XVI fue un "hospital-pueblo" autónomo —inspirado en la utopía de Tomás Moro— habitado principalmente por indígenas, hoy en día es una *edge city* cuyas torres de oficinas tratan de inscribir a la Ciudad de México en la economía global. El auge de Santa Fe ha acelerado la creación de puentes, túneles y fraccionamientos habitacionales de clase alta que se disputan el territorio con las colonias populares que están en las barrancas.

←

Kirsten Krogh, 2008.
(Model / Maqueta / Modell).

Under the slogan "We are the rich, you are the poor", developments have been built which embody the urban dystopias of segregation, as if in a New Babylon.

Bajo el lema "Nosotros los ricos, ustedes los pobres", se han levantado construcciones que materializan las distopías urbanas de la segregación en una especie de Nueva Babilonia.

Unter dem Slogan „Wir, die Reichen, ihr, die Armen" sind Wohnkomplexe errichtet worden, die die städtischen Gegenutopien der Segregation in einer Art New Babylon *materialisieren.*

Schanzensystem

←

Jeremy Clouser
(Photos / Fotos).

↓

Susana Estrada.
Litter-globe, 2008.
(Object / Arte-objeto / Objekt).

A snow-globe inspired by an advertising campaign for Santa Fe which portrayed this edge city *of Mexico City as a "totally separate urban reality".*

Bola de nieve inspirada en una campaña publicitaria de Santa Fe que presentaba esta edge city *como una "realidad urbana totalmente aparte".*

Eine Schneekugel, inspiriert von einer Werbekampagne für Santa Fe, in der die edge city *von Mexiko-Stadt als „vollständig autarke städtische Parallelrealität" dargestellt wurde.*

Mexiko-Stadt ist voller sozioökonomischer Kontraste. Es existieren Stadtgebiete mit einem Human Development Index (HDI) vergleichbar dem von Ländern wie Deutschland, England und Belgien, direkt neben Gebieten, deren Index unterhalb der von der OECD und anderen internationalen Organisationen empfohlenen Grenze liegt. Während in den sozial marginalisierten Gebieten der Großteil der Bevölkerung auf sehr engem Raum lebt und nur unzureichend an die städtische Versorgung angeschlossen ist, besteht in den wohlhabenderen Gegenden ein deutlich leichterer Zugang zu Grünflächen, kulturellen Einrichtungen sowie Bildungs- und Gesundheitszentren.

Seitdem die sozioökonomische Kluft seit der Wirtschaftskrise der 1980er Jahre immer größer wird, grenzt sich die Oberschicht durch die Errichtung von Wohngebieten mit kontrolliertem Zugang sowohl gesellschaftlich als auch räumlich immer mehr ab. Die *gated communities* sind aber nicht allein den Bessergestellten vorbehalten. Auch für die neuen Siedlungen des sozialen Wohnungsbaus und die *calles cerradas* (die von Anwohnern mit Schranken und Gittern gesperrten Wohnstraßen) ist dieses Modell zum städtebaulichen Ideal avanciert und dient mittlerweile als Grundlage für viele Bebauungspläne. Durch diese Entwicklung läuft die Stadt jedoch Gefahr, in ein Archipel voneinander getrennter Fragmente zu zerfallen.

Die Typologie der *gated communities* zeigt unzählige verschiedene Formen auf, von der vermeintlich nachhaltigen Waldkommune bis hin zur „Selbstversorgerstadt" um einen luxuriösen Golfplatz herum, und es entstehen auch ausgefallene Projekte wie zum Beispiel eine im wahrsten Sinne des Wortes „abgehobene" Wohnanlage, die auf Stützen über der *colonia popular,* einem im Selbstbau entstandenen Wohnviertel, thront.

Ein besonderer Fall hat die urbane Struktur des Tals von Mexiko in den letzten 15 Jahren radikal verändert: Der Aufstieg des Stadtteils Santa Fe, der auf einer ehemaligen Müllhalde angelegt wurde. War diese Gegend im 16. Jahrhundert ein autonomes, in Anlehnung an die Utopien von Thomas Morus gegründetes und von indigenen Bauern und Handwerkern bewohntes *hospital-pueblo*, „Krankenhaus-Dorf", ist es heute eine *edge city,* deren hohe Bürotürme Mexiko-Stadt in die Weltwirtschaft einreihen. Der Aufschwung von Santa Fe hat den Bau von Großprojekten wie Brücken, Tunneln und Wohngebieten der Oberschicht beschleunigt, die den einfachen Siedlungen das Terrain streitig machen.

Desert Lake

Mexico City is in denial with regard to its geography in many ways, and with the question of water in an especially dramatic fashion: from being a lakeside city barely a hundred years ago, today it is dying of thirst. The Mexican Basin lacks natural drainage to the sea, and over hundreds of thousands of years developed a system of five shallow endorheic lakes, known as Chalco, Xochimilco, Texcoco, Xaltocan, and Zumpango.

When founding their capital in the middle of the Texcoco lake, the Aztecs optimized the resources of the lake system. They learned to control its overflow with dams, to separate brackish from fresh waters, and to cultivate crops on artificial islands called *chinampas*. The Spanish, however, did not know how the lake system worked, and at the beginning of seventeenth century set out to dry up the Mexican Basin by digging the Nochistongo Cutting.

Since then, a total of three artificial exits for the basin's waters have been dug. This has not solved the root of the drainage problem, and moreover, it has substantially altered the weather conditions as well as whole ecosystems in the central region of the country. Twenty-first century Mexico City is struggling with a lake system that threatens to re-establish itself again after heavy rains. At the same time, the city's twenty million inhabitants require a supply of around seventy cubic metres per second of clean water, of which 37% is lost due to leakage and ageing pipes. Due to irregular distribution and lack of universal connection to the water mains, 20% of the city's population has no guaranteed access to water.

Of the water required by the city, 70% is taken from wells and springs located in the basin, and 30% is brought from outside. The overexploitation of the underground aquifers, together with a drainage system that treats a tiny proportion of wastewater and pumps the rest to neighboring basins, has led the city center to subside by up to ten meters. Time is running out for a city both thirsty and wasteful. If the city wants to survive, the time has come for it to reconcile itself with its geography and reconsider its relationship with water.

←

Colectivo Santa Lucía, 2008.
(Photo / Foto).

•

Futura Desarrollo Urbano.
México Ciudad Futura:
The Lake Project.
(Project / Proyecto / Projekt).
P 242

Desierto lacustre

La Ciudad de México vive negando su geografía en múltiples aspectos, pero de manera especialmente dramática niega el tema del agua: de ser una ciudad casi lacustre hace apenas cien años, hoy se muere de sed. Esta compleja historia comienza con la geografía de la Cuenca de México, que carece de un drenaje natural al mar y que por cientos de miles de años se fue inundando hasta formar un sistema de cinco lagos poco profundos: Chalco, Xochimilco, Texcoco, Xaltocan y Zumpango.

Al fundar su capital en medio del lago de Texcoco, los aztecas optimizaron los recursos del sistema lacustre. Aprendieron a controlar sus excedentes con diques, a separar áreas salobres de aguas dulces y a practicar la agricultura en islas artificiales llamadas chinampas. Los españoles, sin embargo, desconocieron el funcionamiento de este sistema lacustre y emprendieron la desecación de la Cuenca de México con la construcción, a principios del siglo XVII, del Tajo de Nochistongo, el primer desagüe artificial de la cuenca.

Desde entonces se han construido un total de tres salidas artificiales para el agua de la cuenca, lo cual no ha solucionado de raíz el problema del desagüe y, en cambio, ha alterado gravemente el clima y los ecosistemas del centro del país. La Ciudad de México del siglo XXI lucha continuamente contra un sistema de lagos que, tras cualquier lluvia fuerte, amenaza con formarse de nuevo. Al mismo tiempo, sus veinte millones de habitantes requieren aproximadamente 70 m^3 por segundo de agua limpia para abastecerse, de la cual 37% se pierde debido al desperdicio y a las tuberías obsoletas. Cabe mencionar que 20% de la población total no tiene asegurado el abastecimiento de agua debido a la distribución irregular y a la falta de conexión a la red de tuberías.

De toda el agua requerida por la ciudad, 70% se obtiene de pozos y manantiales ubicados en la cuenca y 30% es traída desde fuera. La sobreexplotación de los acuíferos subterráneos, aunada a un sistema de desagüe que somete a tratamiento un volumen mínimo de agua y que bombea la mayor parte hacia las cuencas vecinas, ha causado hundimientos de hasta 10 metros en el centro de la ciudad. El tiempo se agota para una urbe al mismo tiempo sedienta y despilfarradora. Es momento de que se reconcilie con su geografía y replantee su relación con el agua, si es que quiere perdurar.

←

Colectivo Santa Lucía, Héctor Zubieta, 2008. (Storytelling machine / Máquina cuenta historias / Geschichten-Erzählmaschine). A4

The banknotes tell the stories of a flower-bedecked canoe that paddles across the desert of Texcoco, and of a pre-Hispanic monarch who bathes in the flames emitted by a monument to the water tap.

Los billetes cuentan las historias de un cayuco florido que navega por el desierto de Texcoco y de un monarca prehispánico que se baña en las flamas arrojadas por el monumento a las llaves de agua.

Die Banknoten erzählen die Geschichten eines blumenbedeckten Kajaks, das durch die Wüste von Texcoco steuert, sowie die eines prä-hispanischen Herrschers, der in den Flammen eines Denkmals für den Wasserhahn badet.

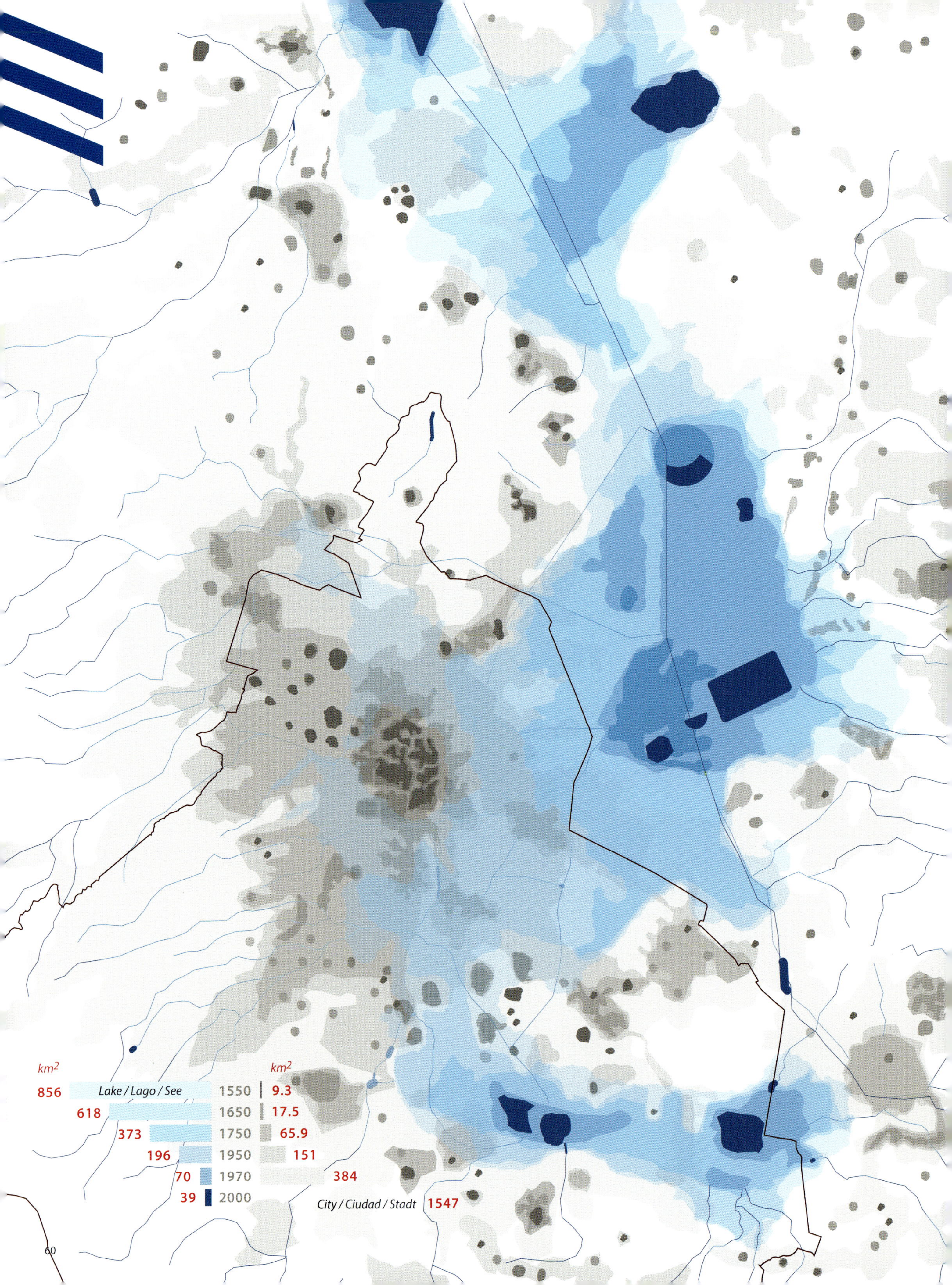
km^2
856 Lake / Lago / See 1550
618 1650
373 1750
196 1950
70 1970
39 2000
km^2
9.3
17.5
65.9
151
384
City / Ciudad / Stadt 1547

Seewüste

In vielerlei Hinsicht ignoriert Mexiko-Stadt seine geografischen Begebenheiten. Diese Ignoranz wird in ganz besonderem und dramatischem Ausmaße im Zusammenhang mit dem Wasser deutlich. Noch vor 100 Jahren eine Stadt am Wasser, leidet Mexiko-Stadt heute elenden Durst.

Da das Tal von Mexiko ein hydrologisches Becken ist und keinen natürlichen Abfluss zum Meer aufweist, sind in einem Prozess von zehntausenden von Jahren fünf seichte Seen entstanden: Chalco, Xochimilco, Texcoco, Xaltocan und Zumpango. Die Azteken, die ihre Hauptstadt mitten in den Texcoco-See hineinbauten, optimierten die Ressourcen der Seenlandschaft. Sie kontrollierten die Wasserüberschüsse mit Staudämmen, trennten Salz- von Süßwassergebieten und betrieben Landwirtschaft auf künstlichen Inseln, den *chinampas.* Die Spanier dagegen kannten die Funktionsweise dieses Seensystems nicht und begannen mit der Trockenlegung des Beckens, indem sie zu Beginn des 17. Jahrhunderts den *Tajo de Nochistongo,* den ersten künstlichen Abfluss, anlegten.

Seit damals sind bislang insgesamt drei künstliche Abläufe angelegt worden, wodurch aber das Problem der Überschwemmungen nicht behoben, sondern vielmehr das Klima und das Ökosystem der zentralen Region des Landes schwerwiegend beeinträchtigt wurden. Auch im 21. Jahrhundert kämpft Mexiko-Stadt permanent gegen eine Seenlandschaft an, die nach jedem starken Regenfall (in den Monaten von Juni bis September ist Regenzeit) wieder zu entstehen droht. Gleichzeitg benötigen die 20 Millionen Einwohner pro Sekunde ungefähr 70 Kubikmeter sauberes Wasser, wovon 37 Prozent wegen des schlechten Zustands der Rohre und durch Verschwendung verloren geht. Hinzu kommt, dass 20 Prozent der Gesamtbevölkerung nicht immer Leitungswasser zur Verfügung hat, da die Versorgung unregelmäßig ist oder da ihre Häuser überhaupt nicht an das Leitungssystem angeschlossen sind.

70 Prozent des städtischen Wasserbedarfs wird aus Brunnen und Quellen des Tals von Mexiko gedeckt, die restlichen 30 Prozent werden von außerhalb zugeleitet. Da die Grundwasservorkommen zu stark ausgeschöpft werden und das Abwassersystem nur sehr wenig Wasser in die Aufbereitung leitet (das meiste Abwasser wird ungeklärt in benachbarte Täler gepumpt), ist es im Stadtzentrum zu Bodenabsenkungen von bis zu zehn Metern gekommen. Wenn Mexiko-Stadt aber fortbestehen will, muss sie sich schnell mit ihrer Geografie versöhnen und ihre Beziehung zum Wasser überdenken.

←

Jose Castillo, Arquitectura 911se. (Diagram / Diagrama / Diagramm).

The disiccation of the lakes in the Mexican Basin contrasted with the growth in size of the city.

Desecación histórica de los lagos de la Cuenca de México contrastada con el crecimiento de la mancha urbana.

Die Trockenlegung der Seen des Mexikanischen Beckens im Kontrast zu der Ausdehnung der Siedlungsfläche.

Chasing the Clock

From the 1970s to the present day, the average duration of journeys made in the Metropolitan Area of the Valley of Mexico (MAVM) increased from forty minutes to over an hour and a half. Many inhabitants spend a quarter of their day commuting between home and work, and to a large extent this is due to an inadequate transport network and a deeply-rooted culture of the car.

The city dwellers' love affair with the car translates into eternal traffic jams. Nevertheless, a significant part of the population prefers to endure higher costs and longer commute times rather than use public transport. Of the 3.5 million vehicles on the streets of the city, 88% are privately owned, but account for only 18.4% of the total number of journeys. Meanwhile, public transport vehicles represent barely 4.6% of the total and, paradoxically, cover 72.8% of daily commutes.

With over four million users a day, the subway has proven to be an efficient means of transport. However, due to the oversaturation of the system and the decline of its infrastructure, users also face relatively unpredictable lengths of travel. The extent of the network is also severely deficient, as the city's growth rate overtook the capacity or will to expand it further.

In the case of buses, the disappearance of the state-run network — known as 'Route 100' — gave rise to a system of private concessions aimed at those who live in areas the subway does not reach. This service fails to solve the mobility problem adequately, however, because most of the drivers are not qualified, many of the vehicles are in bad condition, there are no such things as timetables for the different routes, and the length of traveling time does not depend on the distance but rather on the traffic and on the driver's speed.

The recent introduction of the Metrobus, with its own lane and confined stops along Insurgentes Avenue, has shown that having qualified drivers and priority over private cars allows for more efficient public transport, with predictable and more reasonable time schedules.

←

Dante Busquets.
(Photo / Foto).

←

Tonalli Villaseñor,
Gerardo Rodríguez.
(Video). A5

•

Arquitectura 911 sc.
Eje Central:
Zero Emissions Corridor.
(Project / Proyecto / Projekt).
P 244

Drive-in City

The last straw for me was when the first drive-in Starbucks in Mexico City opened. I decided I would never have to get out of my car again. → I've been in the car now for eleven days. I'm missing nothing. The feeling of the earth beneath my feet is fading. I control my whole world with the foot pedals and gearstick. → Finding food and drink is the least of my worries. I am constantly offered sandwiches, candy floss, hot tamales, water, and coffee wherever the traffic lights or traffic jams stop me. → For a healthier option there are the pick-ups parked on corners or advancing along the slow lane laden with fruit at bargain prices. → Wherever I go I am approached from all sides by individuals in brightly-colored uniforms offering cards to top up my cellphone, or the day's newspapers. → There is even free entertainment from the advertisements on billboards in the sky, on buses and bus stops. So I don't miss the TV... → The fluctuating numbers of clowns, jugglers, fire-eaters and children performing somersaults at certain intersections keeps me in touch with the economic health of the country.

La gota que derramó el vaso fue cuando se abrió el primer *drive-in* Starbucks en la Ciudad de México. Fue entonces cuando decidí nunca más volver a salir de mi coche. → He estado en mi coche por once días. No me hace falta nada. La sensación de la tierra bajo mis pies está desapareciendo. Controlo todo mi mundo con los pedales y la palanca de velocidades. → Encontrar comida y bebida es la menor de mis preocupaciones. Cada vez que me detengo por un alto o por un embotellamiento se me ofrecen sándwiches, algodones de azúcar, tamalitos, agua y café. → Una opción más sana son las pic-ups que se estacionan en las esquinas o que van en el carril más lento vendiendo fruta a muy buen precio. → A donde quiera que vaya se me acercan por todos lados vendedores en uniformes de colores brillantes, que me ofrecen tarjetas para recargar mi celular o el periódico. → Incluso hay entretenimiento gratis, que ofrece la gran variedad de anuncios de los espectaculares, de los camiones o paradas de camiones. Así que la verdad ni extraño la tele... → Un número cambiante de payasos, malabaristas, tragafuegos y niños haciendo acrobacias en ciertas esquinas me mantiene en contacto con el estado de salud de la economía de mi país.

Der Moment, der das Fass zum überlaufen gebracht hat, war die Eröffnung des ersten *Drive-in*-Starbucks in Mexiko-Stadt. Mit einem Mal sah ich die Möglichkeit, mein Auto nie mehr verlassen zu müssen. → Ich bin jetzt seit elf Tagen im Auto und ich vermisse gar nichts. Ich erinnere kaum noch das Gefühl, wie es ist, Boden unter den Füßen zu spüren. Ich kontrolliere meine Welt mit dem Gaspedal und der Kupplung. → Essen und Trinken aufzutreiben ist das kleinste Problem. Wo immer der Verkehrsfluss an einer Ampel oder im Stau zum Stillstand kommt, werden mir Sandwiches, Zuckerwatte, heiße Tamales, Mineralwasser und Kaffee angeboten. → Für die gesündere Variante gibt es die Pick-ups, die an den Straßenecken stehen oder langsam auf der rechten Spur fahren und zu Schleuderpreisen von der Ladefläche herab Früchte verkaufen. → Wo immer ich vorbeikomme, werde ich von irgendwelchen Leuten in leuchtenden Uniformen bedrängt, die mir Prepaidkarten für mein Handy oder die Tageszeitung verkaufen wollen. → Es gibt sogar Gratis-Unterhaltung dank der großen Auswahl an Werbungen auf Plakatwänden, Bushaltestellen und Bussen. Unter uns: Ich vermisse den Fernseher überhaupt nicht. → Die Zahl an Clowns, Gauklern, Feuerschluckern und Akrobatik vorführenden Kindern an den Kreuzungen informiert mich stets über die wirtschaftliche Lage der Nation.

Déficit

Desde los años setenta, el promedio de duración de los viajes que se realizan al día en la ZMVM ha subido de cuarenta minutos a más de una hora y media en la actualidad. La mayoría de los habitantes ocupa una cuarta parte del día en desplazarse del hogar al trabajo debido, en buena medida, a una red de transporte insuficiente y a una cultura del automóvil profundamente arraigada.

El "idilio amoroso" del citadino con su automóvil se traduce en embotellamientos perpetuos. A pesar de ello, una gran parte de la población prefiere asumir mayores costos y tiempos de recorrido en lugar de utilizar el transporte público. De los 3.5 millones de vehículos que circulan en la ciudad, 88% son automóviles privados y sólo cubren 18.4% de los viajes diarios. Mientras tanto, los vehículos que funcionan como transporte público representan apenas 4.6% del total y, paradójicamente, satisfacen 72.8% de los traslados.

El metro, con más de cuatro millones de usuarios al día, ha demostrado ser un medio de transporte eficiente. Sin embargo, debido a la sobresaturación del sistema y a que la red no llega a todos los puntos de la periferia, muchos de los usuarios están obligados a utilizar autobuses para trasladarse a la estación de metro más cercana.

En el caso de los autobuses, la desaparición de la red pública "Ruta 100" dio origen a un sistema de concesiones que no ha resuelto el problema de la movilidad adecuadamente. La mayoría de los choferes no están cualificados, muchos de los vehículos están deteriorados, no existen horarios predeterminados para las diferentes rutas y el tiempo de recorrido no depende tanto de la distancia, sino del tránsito y de la velocidad con la que el chofer decida conducir.

La reciente introducción del Metrobús con un carril propio a lo largo de avenida Insurgentes ha demostrado que tener choferes cualificados y prioridad sobre el tráfico privado permite ofrecer un transporte más eficiente con tiempos de recorrido predecibles y más razonables.

←

Citámbulos.
Drive-in City, 2008.
(Text / Texto).

Transcription of an interview, conducted via mobile phone, with an unidentified man who claims not to have left his car for nearly two weeks.

Transcripción de una entrevista realizada vía teléfono celular con un hombre no identificado, que asegura haber permanecido en su automóvil por casi dos semanas.

Mobiltelefon-Interview mit einem unbekannten Mann, der behauptet, seit fast zwei Wochen sein Auto nicht verlassen zu haben.

GMC
114-PLC

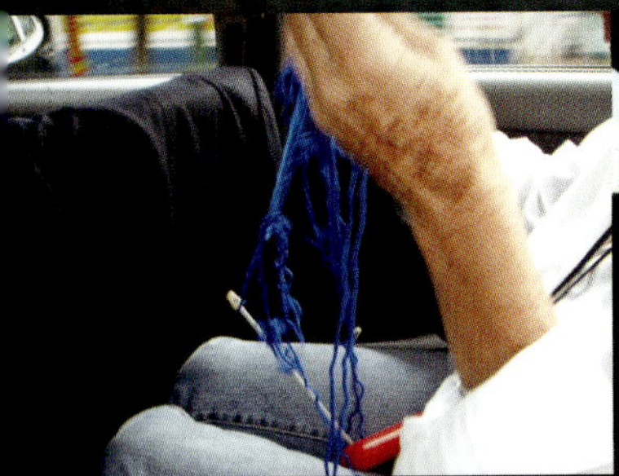

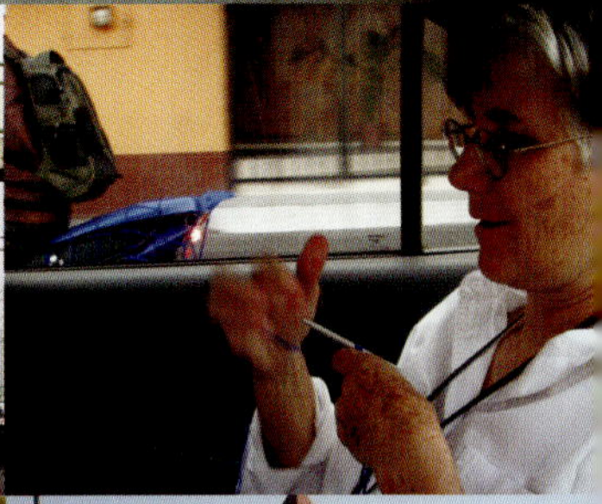

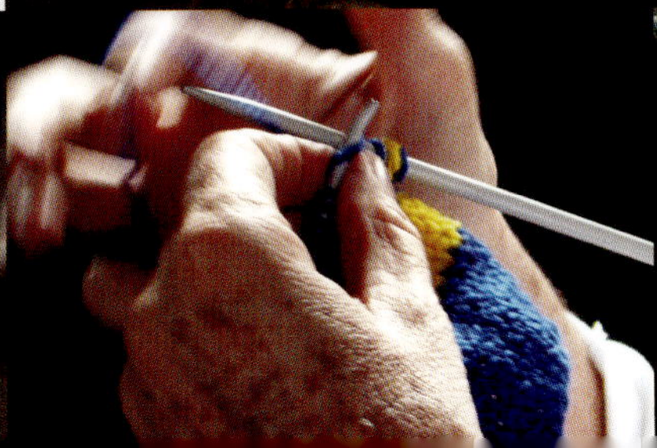

Zeitverlust

←

Dante Busquets / Urban Age. (Photo / Foto)

←

Lourdes Velasco, José Antonio Rojas Loa. *Tejiendo en viernes*, 2008. (Installation and photo / Instalación y foto / Installation und Foto).

Some commuters have set up a toy production plan on the Ring Road, making 'productive' use of the seventeen million hours spent every day in traffic.

Algunos pasajeros han establecido una maquila de juguetes en el Periférico, utilizando "productivamente" los 17 millones de horas diarias que pasan en el tránsito.

Einige Passagiere haben auf der Ringautobahn Spielzeugmanufakturen etabliert, um so die 17 Millionen Stunden, die die Bewohner täglich für ihre Wege investieren, „produktiv" zu nutzen.

Seit den 1970er Jahren hat sich die durchschnittliche Fahrzeit pro Strecke in der Metropolregion von Mexiko-Stadt von 40 Minuten auf mehr als eineinhalb Stunden erhöht. Die meisten Einwohner brauchen ein Viertel des Tages, um von zu Hause an ihren Arbeitsplatz und wieder zurückzukommen. Dies ist primär auf ein unzureichendes Verkehrsnetz und eine tief verwurzelte Auto-Kultur zurückzuführen.

Die „Liebe" der Bewohner von Mexiko-Stadt zu ihren Fahrzeugen führt zu ständigen Staus. Trotzdem nimmt ein Großteil der Bevölkerung lieber höhere Kosten und zumeist längere Fahrzeiten in Kauf, als die öffentlichen Verkehrsmittel zu nutzen. Von den 3,5 Millionen in der Stadt verkehrenden Fahrzeugen sind 88 Prozent Privatautos, doch diese erfüllen nur 18,4 Prozent der täglich realisierten Fahrten. Dagegen nehmen die Fahrzeuge der öffentlichen Verkehrsbetriebe nur 4,6 Prozent des Gesamtfuhrparks der Stadt ein, decken aber paradoxerweise 72,8 Prozent des täglichen Fahrbedarfs der Bewohner ab.

Die U-Bahn, die täglich vier Millionen Fahrgäste befördert, hat sich als effizientes Verkehrsmittel erwiesen. Dennoch sind auch hier die Fahrzeiten relativ unvorhersehbar, da das System am Rande seiner Belastungsgrenze operiert und nicht weit genug in die dicht besiedelten Randgebiete der Metropolregion hineinreicht, wo die Bewohner lange Wege mit Bussen zu den nächsten U-Bahnstationen auf sich nehmen müssen.

Im Busverkehr wurde als Ersatz für das durch Machtkämpfe zwischen öffentlichem Träger und Gewerkschaft erst lahmgelegte und dann eingestellte Streckennetz Ruta 100 ein konzessionsgestütztes System eingeführt, welches das Problem der Mobilität aber nur ungenügend löst. Die Fahrer sind in der Regel nicht ausgebildet, viele Fahrzeuge sind in schlechtem Zustand, es gibt keine festen Fahrpläne für die verschiedenen Routen, und die Fahrzeit hängt nicht so sehr von der Entfernung, sondern vielmehr vom Verkehrsaufkommen und vor allem vom Fahrstil des jeweiligen Fahrers ab.

Der vor Kurzem auf der Avenida Insurgentes eingesetzte Metrobus, der in einer exklusiven Fahrspur fest definierte Haltestellen anfährt, ist dagegen der Beweis dafür, dass es selbst in Mexiko-Stadt effiziente öffentliche Verkehrsmittel mit kalkulierbaren Fahrtzeiten geben kann.

Apocalypse *mañana*

←

Ramiro Chaves.
(Photos / Fotos).

↓

Jinetes Sampleadores
de Imágenes.
Scratch Strassen, 2008.
(Video).

A montage of film clips that shows the way cinema has portrayed, invented, and transformed the identity of Mexico City, thereby influencing the collective imagination.

Selección de secuencias cinematográficas que muestran cómo el cine ha retratado, inventado y transformado la identidad de la Ciudad de México, interviniendo con ello en el imaginario colectivo.

Zusammenschnitt von Filmsequenzen, die zeigen, wie das Kino Mexiko-Stadt porträtiert, immer neu erfunden, verändert und dabei das kollektive Gedächtnis beinflusst hat.

The metamorphosis of the city has always gone hand in hand with new ways of representing it. Different levels of discourse — mass media, politics, art, literature, film, architecture — also give shape to the city's appearance and metabolism. The different epochs of Mexico City can be understood through that dialogue between the imaginary and the real.

In the past, both residents and visitors were full of praise for the city. The pre-Hispanic king, Nezahualcóyotl, highlighted the beauties of the Valley of Mexico in his poems. The Spanish, impressed by the Aztec system of canals, called Mexico-Tenochtitlan "the Venice of the New World". The German naturalist and explorer Alexander von Humboldt baptized the capital of New Spain as "the City of Palaces." In 1946, Mexican writer Salvador Novo celebrated the demographic explosion as a catalyst to transform the city into a modern capital like Paris, London or New York. However, in 1984, a watershed article in *Time* magazine described Mexico City as an archetype of Third World megacities, embodying the nightmare of global overpopulation.

This discourse, albeit fatalistic, was the response to a real change in the city: between 1959 and 1980, the population quadrupled, reaching 14.5 million. Air pollution became such a serious problem that on the most polluted days children were not allowed to practice outdoor sports, and the media took delight in reporting pigeons dropping dead out of the sky. The eternal traffic jams, corruption and, later on, insecurity, gave way to the apocalyptic visions that gradually did away with the virtues of this city. The metropolis began to be seen, by locals as well as foreigners, as a monster, an imminent urban disaster.

Despite seeming to be always on the verge, the fact that Mexico City never actually collapsed into chaos, not even after the 1985 earthquake, introduced into the collective imagination a contradictory enjoyment of disaster and chaos. The inhabitants began to perceive the 'tragedy' with a survivor's humor: "We are the biggest laboratory for species annihilation in the world" they proudly declared, and pretended to ignore the fact that pollution had gone down in recent years.

What might seem a perversion to the eyes of an outsider, is only the result of the day-by-day realization that "smoking does not always cause cancer," that within chaos there is order, and that this city is a source of both headaches and great doses of vitality.

LUIS MANUEL, ECATEPEC.
25 YEARS / AÑOS / JAHRE.

Chaos. People coming and going, who will never meet each other, but who are transforming the city, making it dirtier, more beautiful, more complex. I see Mexico City as a mute witness to so many stories that take place, as well as a place of contrasts and mutual relationships.

Caos, gente que viene y va, y nunca se conocerá, pero que en cambio está transformando a la ciudad: la hace más sucia, más bella, más compleja. Veo a la Ciudad de México como un testigo mudo de tantas historias que suceden, además de un lugar de contrastes y relaciones mutuas.

Chaos. Menschen, die kommen und gehen und die Stadt verändern, sie schmutziger, schöner und komplexer machen, auch wenn sie sich untereinander niemals kennenlernen werden. In meinen Augen ist Mexiko-Stadt ein stummer Zeuge unzähliger wahrer Geschichten und ein Ort der Kontraste und zwischenmenschlicher Beziehungen.

What do you think when you think about Mexico City?

MARINA, COYOACÁN.
22 YEARS / AÑOS / JAHRE.

The city is like a giant beetle turned on its back, which lets out cries and sounds. Its presence is given away by the huge amount of light it emits. What would a Martian think if they came across it? That it is an organism with very outlandish customs, undoubtedly. But when you look at it more closely, it has a carapace covered in colored scales. It evokes tenderness and repels at the same time. It is a creature that is perpetually hungry.

La ciudad es como un escarabajo gigante puesto patas arriba que suelta gritos y sonidos. Su presencia se adivina por la inmensa cantidad de luz que emite. ¿Qué pensarían los marcianos si se toparan con ella? Seguramente que es un organismo con costumbres muy extravagantes. Pero cuando lo ves más de cerca, tiene un caparazón repleto de escamas de colores. Provoca ternura y repele a la vez. Es un bicho perennemente hambriento.

Die Stadt ist wie ein riesiger Käfer, der auf dem Rücken liegt und schreit. Man errät seine Existenz durch das unglaublich viele Licht, das er freisetzt. Was würde ein Marsmensch sagen, wenn er hier vorbeikäme? Sicher fände er die Gepflogenheiten an diesem Ort sehr extravagant. Aus der Nähe betrachtet hat die Stadt einen Panzer mit farbigen Schuppen. Sie fasziniert und gleichzeitig stößt sie ab. Sie ist ein ständig hungriges Getier.

Apocalipsis

Las mutaciones de la ciudad siempre han estado acompañadas de nuevas maneras de representarla, pero también son los discursos los que desde distintas esferas —medios de comunicación, política, arte, literatura, cine y arquitectura— perfilan su apariencia física y su metabolismo. Las distintas épocas de la Ciudad de México se pueden entender a través de esa dialéctica entre imaginario y realidad.

La ciudad fue en el pasado fruto de admiración para visitantes y locales. El gobernante prehispánico Nezahualcóyotl exaltó las bellezas del Valle de México en sus poemas; los españoles, impresionados por el sistema azteca de canales llamaron a México-Tenochtitlan "la Venecia del Nuevo Mundo"; Alexander von Humboldt bautizó a la capital de la Nueva España como "la Ciudad de los Palacios"; y Salvador Novo celebró en 1946 la explosión demográfica como el elemento que la transformaría en una capital moderna como París, Londres o Nueva York. Sin embargo, en 1984, un artículo de la revista *Time* calificó a la Ciudad de México como arquetipo de las megaciudades del Tercer Mundo que encarnaba la pesadilla de la sobrepoblación mundial.

Este discurso, aunque fatalista, respondía a un cambio real en la urbe: entre 1959 y 1980 la población se cuadruplicó y alcanzó los 14.5 millones. La contaminación del aire se volvió un problema tan grave que en los días más contaminados los niños tenían prohibido hacer deportes al aire libre y los medios se deleitaban dando noticias de palomas que caían muertas. El eterno embotellamiento de las vías, la corrupción y, más tarde, la inseguridad dieron paso a las visiones apocalípticas que poco a poco opacaron las virtudes citadinas. La ciudad comenzó a ser vista por locales y extranjeros como un monstruo, un inminente desastre urbano.

A pesar de estar continuamente al límite, el hecho de que la Ciudad de México nunca terminara de colapsarse por completo, ni siquiera con el temblor de 1985, introdujo en el imaginario colectivo un contradictorio goce del desastre y del caos. Los habitantes vivían las "tragedias" con el humor de quien se siente sobreviviente. Con orgullo anunciaban que "Somos el laboratorio de aniquilación de especies más grande del mundo" y soslayaban que los índices de contaminación habían bajado.

Lo que a ojos externos podría parecer pura perversión, no es sino resultado de la comprobación cotidiana de que "fumar no siempre es causa de cáncer"; de que dentro del caos existe un orden, de que la ciudad encuentra su camino y que por ello es fuente simultánea de dolores de cabeza y grandes dosis de vitalidad.

←

Citámbulos,
Onnis Luque, 2005.
(Interviews / Entrevistas).

¿En qué piensas cuando piensas en la Ciudad de México?

Was denkst du, wenn du an Mexiko-Stadt denkst?

TELMEX
SERVILLETAS

Katastrophenhunger

So wie die Stadt sich permanent verändert, ändert sich auch ständig das Bild, das sich die Bewohner und die Welt von Mexiko-Stadt machen. Die verschiedenen Diskurse in Medien, Politik, Kunst, Literatur, Kino und Architektur üben unterschiedlich starken Einfluss auf das Erscheinungsbild und das Verhältnis der Bewohner zu ihrer Stadt aus. Über diese Wechselwirkung zwischen Vorstellung und Wirklichkeit lassen sich die verschiedenen Epochen von Mexiko-Stadt verstehen.

In der Vergangenheit hat die Stadt von Besuchern und Einheimischen viel Lob bekommen. Der aztekische Herrscher Nezahualcóyotl hob in seinen Gedichten die Schönheit des Tals von Mexiko hervor, die Spanier waren vom Kanalsystem der Azteken beeindruckt und nannten México-Tenochtitlán „das Venedig der Neuen Welt", Alexander von Humboldt taufte die Hauptstadt Neuspaniens „die Stadt der Paläste", und Salvador Novo feierte 1946 die Bevölkerungsexplosion, welche die Stadt zu einer modernen Weltstadt wie Paris, London oder New York machen würde. Doch dann wurde Mexiko-Stadt 1984 in einem Artikel der Zeitschrift *Time* als Paradebeispiel für die Megastädte der Dritten Welt und als Albtraum der globalen Überbevölkerung bezeichnet.

Das war zwar ein fatalistischer Ansatz, doch er beruhte auf einer realen Veränderung der Metropole: Zwischen 1959 und 1980 vervierfachte sich die Bevölkerung bis zu einer Einwohnerzahl von 14,5 Millionen. Die Luftverschmutzung wurde zu einem so gravierenden Problem, dass es den Kindern an Tagen mit erhöhten Smogwerten verboten wurde, im Freien Sport zu treiben, und die Medien berichteten über Tauben, die tot vom Himmel fielen. Die ewige Verstopfung der Straßen, die Korruption und später die Kriminalität ebneten den Weg für die Horrorvisionen, die zunehmend das Ansehen der Stadt trübten. Einheimische und Ausländer begannen, die Stadt als ein Monster wahrzunehmen, als eine bevorstehende städtische Katastrophe.

Dieser Zustand, permanent an der Grenze des Zusammenbruchs zu stehen, aber doch nie vollkommen zu kollabieren, nicht einmal beim Erdbeben von 1985, weckte eine widersprüchliche Lust an Katastrophen und Chaos. Die Einwohner erleben die „Tragödien" mit dem Humor der Überlebenden: „Wir sind das größte Artenvernichtungslabor der Welt" verkünden sie mit Stolz und überspielen dabei, dass die Luftverschmutzung in den letzten 15 Jahren wirklich abgenommen hat.

Was von außen betrachtet schlicht pervers wirken mag, ist das Ergebnis der täglichen Feststellung, dass „Rauchen nicht immer tödlich" ist, dass es im Chaos eine Ordnung gibt, dass die Stadt trotz gravierender Probleme ihren Weg findet und so in der Lage ist, gleichzeitig Kopfschmerzen zu bereiten und Mengen an Vitalität auszulösen.

←

Víctor Mendiola.
(Photo / Foto).

←

Dante Busquets.
(Photo / Foto).

Urban Jungle

What we know as 'the environment' is determined by the way in which human beings think about and represent their surroundings. Efforts to preserve ecosystems must incorporate a cultural dimension from which the concept of 'nature' is construed. When talking about cities and the environment we must take into account the organisms that make up the urban jungle: flora and fauna — including human beings as part of the fauna — and how they relate to their environment, to what extent they need it, how they perceive it, use it, adopt it, infringe on it, look after it, and destroy it. ➔ A fundamental feature of the urban ecosystem is its inability to regulate itself, since it requires enormous quantities of imported energy and materials in order to function. This, added to inadequate waste treatment, means it is both rapacious and highly polluting, since as well as consuming its own resources and that of others, it wrecks distant ecosystems. ➔ Few ecosystems in the world are as unsustainable as Mexico City, with twenty million people, low ecological awareness and lacking in suitable technology to deal with environmental challenges. Nevertheless, limiting our view of the urban jungle to a simple machine for the creation of ecological crises gets us nowhere: thanks to its specific geographical location, Mexico City remains an extremely diverse urban habitat. Yet the city's relationship with its surrounding region has to be — and can be — improved.

Jungla urbana

➔ La dimensión ambiental se explica por la manera en que los seres humanos piensan y simbolizan su entorno. Por ello, los esfuerzos de conservación de los ecosistemas deben incorporar la dimensión cultural a partir de la cual se construye el concepto de naturaleza. Al hablar de ciudades y del medio ambiente es necesario considerar todos los organismos que constituyen la jungla urbana: la flora, la fauna y, dentro de la fauna, los seres humanos, y cómo éstos se relacionan con su medio ambiente, en qué medida lo necesitan, cómo lo perciben, lo utilizan, lo adoptan, lo impactan, lo cuidan y lo destruyen. ➔ Una característica fundamental del ecosistema urbano es su incapacidad de autorregularse, pues requiere de inmensas cantidades de energía y materia externas para funcionar. Esto, sumado al insuficiente tratamiento de sus desechos, lo torna altamente contaminante y depredador, pues además de consumir recursos propios y ajenos, quebranta ecosistemas lejanos. ➔ Pocos ecosistemas en el mundo se encuentran tan lejos de la autosuficiencia como la Ciudad de México, con veinte millones de habitantes y sin la conciencia y la tecnología suficientes para hacer frente a sus desafíos ambientales. Sin embargo, no sirve de nada reducir la visión de lo urbano a una simple estructura que produce crisis ecológicas irresolubles. Gracias a su ubicación geográfica, la Ciudad de México sigue siendo el hábitat de una gran variedad de especies. Sin embargo, la relación de la ciudad con su medio ambiente debe ser —y puede ser— replanteada.

Stadtdschungel

➔ Das Denken des Menschen spiegelt sich unmittelbar im Zustand seiner Umwelt wider. Deswegen ist es so wichtig, bei der Bewahrung der Ökosysteme kulturelle Gesichtspunkte zu berücksichtigen. Wenn man von der Stadt und ihrer Umwelt spricht, muss man alle Organismen einbeziehen, die den Stadtdschungel bilden: Flora und Fauna sowie als Teil der Fauna den Menschen und die Frage, in welcher Beziehung dieser zu seiner Umwelt steht, wie stark er ihrer bedarf, wie er sie wahrnimmt, sie nutzt, sie annimmt, sie beeinflusst und sie zerstört. ➔ Ein grundlegendes Merkmal des städtischen Ökosystems ist seine Abhängigkeit von der Zufuhr externer Energie und Rohstoffe. Zusätzlich — und verstärkt noch im Falle von Mexiko-Stadt durch die unzureichende Abfallaufbereitung — ist es stark umweltbelastend, denn es verbraucht nicht nur eigene und fremde Ressourcen, sondern leitet auch Abfallstoffe in umliegende Gegenden ab. ➔ Wenige Ökosysteme auf der Welt sind so weit von der Nachhaltigkeit entfernt wie die 20 Millionen Stadt Mexiko. Trotzdem hat es keinen Sinn, die Stadt darauf zu reduzieren, unlösbare ökologische Krisen hervorzurufen. Dank ihrer spezifischen geografischen Lage ist sie noch immer ein extrem artenreicher städtischer Lebensraum. Der Stoffwechsel der Stadt mit der Region muss — und kann — aber durchaus anders und besser gestaltet werden.

The Country-in-side

Although conceptually the city stands in opposition to the countryside, it cannot be physically or functionally removed from the rural sphere. To different degrees, this co-dependence manifests itself in the agricultural land absorbed by the urban sprawl, in the semi-rural habits of the population that has migrated from the provinces to the capital city and, above all, in the absolute dependence of the city upon the resources produced by farmland for subsistence.

Mexico City has gradually engulfed several towns with their respective rural areas, including Coyoacán, Tacuba, and Tlalpan, as well as local municipalities in the states of Mexico and Hidalgo. Some of these areas have been completely urbanized, others preserve a mixed identity, while some maintain extensive rural areas, as in the case of Xochimilco, Milpa Alta, and Tláhuac. In fact, Milpa Alta is the only borough of Mexico City that has not been swallowed up by the 1 500 square kilometers of urban sprawl of the Metropolitan Area of the Valley of Mexico, and to a great extent its economy still depends upon prickly pear (nopal) cultivation.

Migration also contributes to the presence of the countryside in the city, above all in the case of indigenous people who still preserve the connection with their native communities, where they return to work at the start of the harvest season. It is also relatively normal to find people who, in the middle of the city, complement their income growing vegetables or breeding animals (rabbits, chickens, pigs) in their backyards and gardens.

Cities survive thanks to the resources that they obtain from the countryside. Neighboring basins have been rendered useless for agriculture or cattle grazing by the excessive extraction of water from them to fulfill the endless demands of Mexico City. In exchange, the city empties its waste waters into distant valleys, such as the valley of Mezquital and the drainage basin of the Tula river, where farmers have to use the untreated waters to irrigate their crops.

←

Víctor Mendiola.
(Photo / Foto).

ORGANISCHE
SALCHICHAS ORGÁNICAS DE CONEJO
NINCHENWURST

Campo adentro

La ciudad, aunque en términos conceptuales se opone al campo, no puede separarse física ni funcionalmente del ámbito rural. En diferentes grados, esta codependencia se manifiesta en los terrenos agrícolas absorbidos por la mancha urbana, en las costumbres semirurales de la población que ha migrado desde el interior del país hasta la capital y, sobre todo, en la dependencia absoluta de la urbe de los recursos producidos por el campo para sobrevivir.

La Ciudad de México se ha ido tragando diversos pueblos con sus respectivas zonas agrícolas como Coyoacán, Tacuba y Tlalpan y los municipios conurbados que pertenecen al Estado de México y a Hidalgo. Algunas de estas zonas han sido urbanizadas por completo, otras mantienen características suburbanas y, finalmente, quedan algunas en las que se conservan extensas áreas rurales como Xochimilco, Milpa Alta y Tláhuac. Milpa Alta, de hecho, es la única delegación del Distrito Federal que no ha sido absorbida por la mancha urbana de 1 500 km^2 de la Zona Metropolitana de la Ciudad de México, y su subsistencia depende en gran medida del cultivo del nopal.

La migración también contribuye a la presencia del campo en la ciudad, sobre todo en el caso de los indígenas que aún mantienen vínculos con sus comunidades de origen, a las cuales regresan a trabajar en temporada de cosecha. También es relativamente común encontrar en plena urbe a personas que complementan sus gastos con el cultivo de hortalizas o la crianza de animales (conejos, gallinas, puercos) en sus patios y jardines.

Las urbes sobreviven gracias a los recursos que obtienen del campo. Cuencas vecinas han quedado inservibles para la agricultura y el ganado debido a la excesiva extracción de agua a la que han sido sometidas para satisfacer la inmensa demanda de la Ciudad de México. A cambio, la ciudad descarga sus aguas residuales en valles lejanos, como el del Mezquital y la cuenca del río Tula, donde los campesinos las utilizan para regar sus cultivos.

←

Citámbulos, 2008.
(Installation / Instalación).

In many neighborhoods established by immigrants from the provinces, rural ways are still practiced, such as raising rabbits or hens on the roof or cultivating vegetables.

En muchas colonias fundadas por inmigrantes de provincia se siguen practicando costumbres rurales, como la crianza de conejos y gallinas en la azotea o el cultivo de hortalizas en el arriate.

Viele aus den ländlichen Provinzen zugewanderte Immigranten praktizieren nach wie vor landwirtschaftliche Lebensweisen, wie etwa die Kaninchen- und Hühnerzucht auf dem Dach oder der Anbau von Gemüse.

Stadt Land Fluss

←

Alfredo Cottin.
(Photo / Foto).

←

Jorge Patiño, Eduardo Campero.
El ciclo de la amiba, 2008.
(Video). **B1**

The sewage waters from the city are used by the peasants to irrigate the crops which feed the city-dwellers.

Los campesinos usan las aguas negras de la urbe para regar los cultivos que alimentan a los citadinos.

Die Bauern nutzen die städtischen Abwässer, um ihre Felder zu bewässern, auf denen die Nahrung der Städter wächst.

•

Tonalli Villaseñor,
Gerardo Rodríguez.
(Video). **B1b**

One of the more unusual jobs in Mexico City is that of a diver in the sewer system. Without them, the city would be swimming in sewage.

Entre los oficios más inusuales de la Ciudad de México está el de los buzos del drenaje. Sin ellos, la ciudad nadaría en aguas negras.

Einer der ungewöhnlichsten Berufe in Mexiko-Stadt ist der Abwasser-Taucher. Ohne sie würde die Stadt in ihrer Kloake schwimmen.

Obwohl die Stadt eigentlich einen Gegenpol zum Land bildet, kann man sie weder physisch noch funktionell von den ländlichen Gebieten trennen. So wurden zum Beispiel landwirtschaftliche Nutzflächen dem Stadtgebiet einverleibt, viele Bewohner, die aus der Provinz in die Hauptstadt gezogen sind, pflegen weiterhin ihre ländlichen Bräuche, und das Überleben der urbanen Super-Agglomeration hängt unmittelbar von den Produkten der Äcker ab.

Mexiko-Stadt hat über die Jahre verschiedene historische Dörfer mit ihren jeweiligen Anbaugebieten in das Stadtgebiet eingegliedert, wie zum Beispiel Coyoacán, Tacuba und Tlalpan und die den Ballungsraum bildenden Gemeinden der Bundesländer Mexiko und Hidalgo. Einige dieser Gegenden sind mit der Zeit vollkommen verstädtert, andere weisen Merkmale von Vorstädten auf, und schließlich gibt es ein paar, in denen ausgedehnte ländliche Gebiete erhalten geblieben sind, wie im Süden der Stadt in Xochimilco, Tláhuac und Milpa Alta. Dieser letztgenannte Bezirk zum Beispiel ist zwar politisch-administrativ Teil des Bundesbezirks und somit Teil von Mexiko-Stadt, nicht aber Teil der 1 500 Quadratkilometer umfassenden städtischen Siedlungsfläche, und er lebt überwiegend vom Anbau von Feigenkakteen.

Auch die Migration trägt dazu bei, dass ländliches Leben in der Stadt präsent ist. Das gilt vor allem für die indigene Bevölkerung, die die Verbindung zu ihren Heimatgemeinden aufrechterhält und zur Erntezeit zum Arbeiten dorthin zurückkehrt. Ebenso ist es nicht ungewöhnlich, mitten in der Stadt auf Menschen zu stoßen, die ihr Einkommen mit Pflanzen- oder Tierzucht (Hasen, Hühner und Schweine) in ihren Innenhöfen, Gärten oder auf ihren Flachdächern aufbessern.

Um den enormen Trinkwasserbedarf der Stadt zu stillen, ist in einigen benachbarten Tälern so viel Grundwasser abgepumpt worden, dass sie für Ackerbau und Viehzucht unbrauchbar geworden sind. Zugleich leitet die Stadt ihre ungeklärten Abwässer in andere Täler, vor allem in die von Mezquital und vom Tula-Fluss, wo Landwirte diese nutzen, um ihre Felder zu bewässern.

Picnic

There are four different types of green areas in the city: those for public use, such as parks and squares; those of environmental value, whether public or private, which serve an important function in the sustainability of the city, such as refilling aquifers; there are also ecological reserves, where native species are preserved; and finally, areas of agricultural production, including fields of crops.

According to the norm recommended by the UN, there should be 16 square meters of green area per capita. If we are to include open spaces, which in many cases are simply wastelands without any ecological value, there are 8.2 square meters of green area per citizen in Mexico City, and 7.9 square meters in the suburban belt. Yet the problem is not the figure per capita, but rather the distribution. In some places, such as in the borough of Álvaro Obregón, there are 29.7 square meters of green area per person, while in other areas, such as the municipality of Chimalhuacán in the State of Mexico, there are none. This inequality in distribution and access to green areas is due to a lack of urban planning in a city that continues to expand, and is also due to the structure of social inequity.

Between 1936 and 1939 the majority of the national parks and the protected areas of the Mexican Basin were legally demarcated. The protected areas of Mexico City, covering 60% of the total area of the Federal District, are mostly to the south and west, where the mountains represent a natural obstacle to the city's expansion, which has taken place mainly towards the north and east of the basin. The fact that they are protected areas has not been a deterrent for partial occupation by irregular settlements and housing developments. This is due to the inefficacy of protection strategies.

In recent years a number of governmental and community initiatives have sought to protect green areas and introduce them where there are none. However, awareness campaigns are also needed for citizens to appreciate the damage caused by rubbish dumps on these green areas. Reforestation programes have shown that in order to provide the city with natural 'lungs' and recreation areas, just planting trees (eucalyptus, ash, she-oak) is not enough; rather, it is necessary to come up with a strategy of integral conservation.

←

Dante Busquets.
(Photo / Foto).

•

Grupo de Diseño Urbano.
The Post Industrial Future of Mexico City.
(Project / Proyecto / Projekt).

P 246

Public garden in Ecatepec

MARIO RODRÍGUEZ, ECATEPEC.
67 YEARS / AÑOS / JAHRE.

The council aren't going to finish it, they put up the swings and the slide, but they didn't complete it properly. They just put it like that, on the bare earth. To get them to come and fix it you need to get an official letter, and they take ages… So, I thought, it'd be better to do it myself. There, a little garden for the kids who live round here would be nice, wouldn't it? For communal use, this isn't our property…

La delegación no lo acaba, porque sí puso el columpio y la resbaladilla, pero no lo terminó bien. Nomás lo puso así, a pura tierra. Para que vengan a arreglar necesitas hacer un oficio, y se tardan un chorro… Entonces mejor lo voy a hacer yo, pensé. Ahí, un jardincito para los niños que viven aquí estaría bonito, ¿no? Para que sea público, esto no es propiedad de nosotros…

Die Stadtverwaltung bringt die Dinge nicht zu Ende. Sie haben zwar die Schaukel und die Rutsche aufgestellt, aber eben nicht richtig. Die haben das einfach so auf den Boden gestellt. Damit nun jemand kommt und das richtig macht, muss man bei der Behörde einen Antrag stellen, und das dauert Ewigkeiten... Dann mache ich das lieber selber, habe ich mir gedacht. Ein Gärtchen da drüben für die Kinder, die hier leben, das wäre doch nett, oder? Das von allen genutzt werden kann, ist ja nicht unser Privatbesitz...

Pic-nic

Existen cuatro tipos distintos de áreas verdes en esta ciudad: las de uso público, como parques y plazas; áreas de valor ambiental, que pueden ser públicas o privadas y que cumplen importantes funciones para la sustentabilidad de la urbe, como la recarga de los mantos acuíferos; áreas de rescate ecológico, donde se preservan especies nativas de la zona; y, finalmente, las áreas de producción rural, que incluyen campos de cultivo.

Según la norma recomendada por la Organización de las Naciones Unidas, deben existir 16 metros cuadrados de áreas verdes por persona. Si se incluyen los espacios abiertos, que muchas veces no son más que terrenos vacíos sin ningún valor ecológico, en el Distrito Federal existen 8.2 m^2 de áreas verdes por habitante y 7.9 m^2 en la zona conurbada. Pero más que la cantidad de metros per cápita, el verdadero problema es su distribución. En algunos sectores, como en la delegación Álvaro Obregón, hay 29.7 m^2 de áreas verdes por persona, mientras que en otras zonas, como el municipio mexiquense de Chimalhuacán, no se registra ninguna. Esta desigualdad en la distribución y el acceso a las áreas verdes se debe a la falta de planificación de una ciudad en continua expansión y a una estructura social propensa a la inequidad.

Entre 1936 y 1939 se decretaron la mayoría de los parques nacionales y de las áreas protegidas de la Cuenca de México. Las áreas protegidas del Distrito Federal, que ascienden a 60% de toda la superficie, se encuentran sobre todo al sur y al poniente del territorio. Al ser montañosas, representan un obstáculo natural a la expansión de la urbe, que ha crecido principalmente hacia el norte y el este de la cuenca. El hecho de que sean zonas de conservación no ha evitado, sin embargo, que asentamientos irregulares y desarrollos inmobiliarios las ocupen parcialmente.

En los últimos años ha habido diversas iniciativas, tanto gubernamentales como ciudadanas, para proteger las áreas verdes y subsanar su carencia. No obstante, aún hace falta realizar una intensa campaña de educación que concientice a la población acerca del daño que producen los tiraderos de basura en la áreas verdes. Los programas de reforestación han demostrado, por su parte, que para realmente dotar a la ciudad de pulmones naturales y áreas de recreación no basta con plantar árboles —eucaliptos, fresnos, casuarinas—, sino que es necesario elaborar una estrategia de conservación integral.

←

Betsabé Romero.
Como un jardín en un pajar.
(Installation / Instalación).

This bus-garden became an ephemeral public garden in the municipality of Chimalhuacán, whose inhabitants have no access to green areas.

Este camión-jardín se convirtió en un jardín público fugaz en el municipio de Chimalhuacán, cuyos habitantes carecen de áreas verdes.

Dieser Garten-Bus ist für die Bewohner von Chimlahuacán, die in ihrem Stadtteil sonst jeglicher Grünflächen entbehren, zu einem temporären öffentlichen Garten geworden.

←

Nuria Ibáñez, 2008.
(Interviews / Entrevistas).

Jardín público en Ecatepec.

Öffentlicher Garten in Ecatepec.

TEPOTZOTLAN
89 Pers./ha
ECATEPEC
208 Pers./ha
POLANCO
112 Pers./ha
CENTRO
49 Pers./ha
CONDESA
155 Pers./ha
NEZA
363 Pers./ha
BOSQUES
31 Pers./ha
IZTAPALAPA
206 Pers./ha
SAN ANGEL
67 Pers./ha
PEDREGAL
28 Pers./ha
CHALCO
180 Pers./ha
MILPA ALTA
37 Pers./ha

Picknick

Im Großraum von Mexiko-Stadt gibt es vier verschiedene Arten von Grünflächen: öffentliche, wie Parks und begrünte Stadtplätze; naturbelassene Flächen, die öffentlich oder privat sein können und ökologisch wichtige Funktionen erfüllen, wie zum Beispiel für die Grundwasserneubildung; Naturschutzgebiete, in denen heimische Arten geschützt werden; und schließlich die für die landwirtschaftliche Produktion bestimmten Felder und Weiden.

Entsprechend der von den Vereinten Nationen empfohlenen Norm sollten jedem Stadtbewohner statistisch 16 Quadratmeter Grünfläche zur Verfügung stehen. Wenn man alle öffentlichen Grünräume der Stadt, die häufig nur leere Flächen ohne jeden ökologischen Wert sind, hinzuzählt, so gibt es im Bundesbezirk 8,2 Quadratmeter Grünfläche pro Einwohner und im angrenzenden Ballungsraum sogar nur 7,9 Quadratmeter. Aber noch viel problematischer als die zur Verfügung stehende Fläche ist deren Verteilung: In manchen Gegenden, wie etwa im Bezirk Álvaro Obregón, gibt es 29,7 Quadratmeter Grünfläche pro Person, während man in anderen Gegenden, zum Beispiel im Kreis Chimalhuacán im Bundesland Mexiko, gar keine findet. Dies ist auf die fehlende Planung der in ständiger Expansion begriffenen Stadt zurückzuführen und zeigt aber auch, wie soziale Ungleichheiten die städtische Struktur prägen.

Die meisten Nationalparks und geschützten Gebiete des Tals von Mexiko wurden zwischen 1936 und 1939 angelegt. Die geschützten Gebiete des Bundesbezirks, die 60 Prozent von dessen Gesamtfläche ausmachen, befinden sich vor allem im Süden und Westen des Stadtgebiets, wo bergige Gegenden das Wachstum der Stadt auf natürliche Weise behindert haben. Obwohl diese Gebiete geschützt sind, konnte dennoch nicht vermieden werden, dass dort immer wieder informelle Siedlungen, aber auch widerrechtliche Neubauten des formellen Immobiliensektors entstehen.

In den letzten Jahren sind zahlreiche Initiativen angestoßen worden, die bestehenden Grünflächen zu schützen. Es fehlt aber immer noch an einem breiten Bewusstsein der Bevölkerung bezüglich der ökologischen Zusammenhänge von Artenvielfalt, Boden- und Wasserbedingungen und dem achtlosen Wegwerfen von Abfall. Die Aufforstungsprogramme haben gezeigt, dass es nicht ausreicht, einfach Bäume (Eukalyptusbäume, Eichen, Kasuarinen) zu pflanzen, um grüne Lungen und Erholungsgebiete zu schaffen, sondern dass Umweltschutz ganzheitlich geplant und ausgeführt werden muss.

←

Jose Castillo,
Arquitectura 911se.
(Diagram / Diagrama / Diagramm).

The distribution of green areas in comparison with population density rates of different neighborhoods in Mexico City.

Distribución de áreas verdes comparada con las tasas de densidad habitacional de diferentes áreas de la Ciudad de México.

Verteilung von Grünräumen im Vergleich zu den Bevölkerungsdichten verschiedener Stadtteile von Mexiko-Stadt.

That Poodle Thing

Of all the relationships that *homo urbanus* has established with the animal kingdom, the fetishization of animals as pets is the most artificial of all. The transformation of pets into luxury accessories — dogs to match shoes and cats that resemble neck scarves — is one of the contemporary manifestations of this phenomenon.

Nowadays, there are other forms of fetishism that turn animals into cult objects. The proliferation of clothing, toys, schools, and even psychologists for pets (especially for dogs), apart from being an extreme expression of anthropomorphization of the animal kingdom, which goes far beyond their domestication, is also a most striking symbol of the artificial creation of consumer needs. Pets, like clothing and cars, have become another means to acquire status and to differentiate yourself from 'the rest'.

Urban man has always submitted animals and plants to his demands for entertainment, and to satisfy decorative whims or emotional voids. While this fetish is mainly found in cities of the developed world, it is also captivating Mexico City. Here it merges with local traditions, giving rise to rituals such as the annual blessing of animals at the San Antonio Abad church.

Generally speaking, fetishism in Mexico City takes on very peculiar forms: bushes pruned in the shape of peacocks; stuffed polar bears welcoming customers to bathroom shops; chicks dyed in fluorescent colors to give away as presents at kids' birthday parties; and deceased pet dogs sent to the taxidermist because their owners can't face living without them. All are examples of this fetishization that most citizens of the world and of Mexico City treat as perfectly natural.

←

Benjamín Alcántara, 2008.
(Photo / Foto).

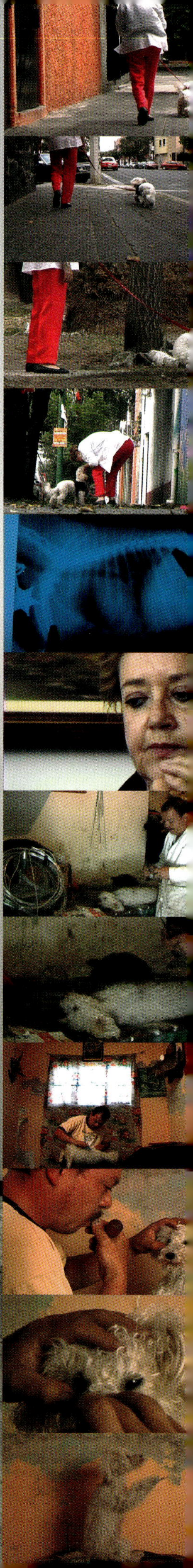

Esencia poodle

Entre la amplia gama de vínculos que el hombre urbano ha establecido con los animales, la relación fetichista es la más artificial de todas. La transformación de las mascotas en accesorios de lujo —perros que combinan con zapatos y gatos que parecen estolas— es una de las manifestaciones contemporáneas de este fenómeno.

Hoy en día existen otras formas de fetichismo que convierten a los animales en objetos de culto. La proliferación de ropa, juguetes, escuelas y psicólogos para las mascotas, en particular para los perros, además de ser formas extremas de la antropomorfización del reino animal que nada tienen que ver con su domesticación, son la muestra más contundente de la creación artificial de necesidades de consumo y reflejan, por otro lado, las relaciones sociales: tanto como la vestimenta y los automóviles, las mascotas se han convertido en medios para adquirir estatus y para diferenciarse de "los otros".

Dado que el hombre urbano se caracteriza por someter a animales y plantas para complacer sus deseos de entretenimiento, sus caprichos decorativos o sus carencias emocionales, el fenómeno de la fetichización de los animales se ha expandido en muchas urbes del mundo incluyendo la Ciudad de México, donde se fusiona con las tradiciones locales, dando lugar a rituales como la bendición de mascotas en la iglesia de San Antonio Abad, el santo protector de los animales.

En general, puede decirse que este tipo de fetichismo tiene manifestaciones muy especiales en esta urbe: arbustos podados en forma de pavo real y de jirafa, osos polares disecados para decorar tiendas de baño, pollitos teñidos de colores fosforescentes que sirven de regalo en las fiestas infantiles y perros enviados al taxidermista porque sus dueños no pueden superar su muerte. Todos ejemplos extremos de ese sometimiento que todos —o casi todos— los habitantes de una urbe asumimos con perfecta naturalidad.

←

Benjamín Alcántara.
(Photo / Foto).

←

Benjamín Alcántara.
Domenika, 2008.
(Video, Photo Album / Video, Fotoalbum). **B3**

When there are no more wild animals to stuff, Mexico City's taxidermists survive thanks to the growing cult of the pet dog.

Cuando ya no hay más animales salvajes que disecar, los taxidermistas de la Ciudad de México subsisten gracias al creciente culto al perro.

Wenn es keine Großwildtiere mehr zum Ausstopfen gibt, dann überleben die Tierpräparatoren von Mexiko-Stadt dank des wachsenden Haustierkults.

Des Pudels Kern

Tiere spielen im Leben von Städtern recht unterschiedliche Rollen. Eine der künstlichsten Beziehungen des Menschen zum Tier ist sicherlich die fetischartige, die Transformation vom Haustier zum Luxusgegenstand: Hunde, die zu den Schuhen von Frauchen passen und Katzen, die aussehen wie Stolen.

Die Tiere werden zu Kultobjekten stilisiert. Immer üblicher werden Kleidung, Spielzeug, Schulen und Psychologen für Haustiere, vor allem für Hunde. Abgesehen davon, dass das Tierreich dadurch auf extreme Art vermenschlicht wird, was nichts mehr mit Zähmung zu tun hat, zeigt diese Entwicklung auf eindrückliche Weise die Schaffung künstlicher Konsumbedürfnisse. Tiere werden wie Kleidung und Autos zu einem Mittel, mit dem man Status erlangen und sich von „den anderen" abheben kann.

Da der Stadtmensch generell dazu neigt, sich Tiere und Pflanzen zum Zwecke seiner Unterhaltung, der Befriedigung seiner Dekorationsvorlieben oder zur Kompensation seiner emotionalen Defizite zu unterwerfen, verbreitet sich das Phänomen der Fetischisierung von Haustieren zunehmend in den Städten der Industrienationen und auch in Mexiko-Stadt. Hier verbindet es sich mit örtlichen Traditionen, wodurch beispielsweise Riten wie die Segnungen von Haustieren am Gedenktag des Schutzheiligen der Bauern und Nutztiere, Antonius Eremita, in der Kirche San Antonio Abad entstehen.

Generell lässt sich sagen, dass der Fetisch in Tierform in Mexiko-Stadt zum Teil sehr spezielle Formen annimmt: Sträucher werden in Form von Pfauen und Giraffen gestutzt, Sanitärgeschäfte werden mit ausgestopften Eisbären dekoriert, mit Leuchtfarben besprühte Küken werden als Geschenk zu Kinderfesten verteilt und Hunde werden präpariert, weil ihre Besitzer das Ableben ihrer Liebsten nicht überwinden. Solche extremen Formen der Unterwerfung von Tier- und Pflanzenwelt nehmen die meisten Stadtbewohner mit der größten Selbstverständlichkeit hin.

←

Ramiro Chaves.
(Photo / Foto).

Camouflage

The city is the habitat *par excellence* of humankind, but this does not imply it is a concrete jungle where only humans, rats, and cockroaches survive. A vast number of species coexist there, and Mexico City is no exception. Located in a transitional zone between two bio-geographical regions, and with a great variety of soils, topographies, microclimates, and a complex system of lakes, the Mexican Basin not only holds the twenty million inhabitants of the Metropolitan Area of the Valley of Mexico, but also contains the equivalent of 2% of the planet's biodiversity.

When the Spanish arrived in Mexico-Tenochtitlan, they were astonished by the immense variety of species unknown to them. They discovered the hummingbird and the mockingbird (known as zenzontle, Náhuatl for '400 tunes,' given its remarkable capacity to imitate other birds' songs). The Aztec city, despite having almost one million inhabitants, knew how to coexist with its surroundings. In the east there was a botanic garden where the members of the royal family would smell the perfume of flowers reserved exclusively for their enjoyment. The native inhabitants always showed a deep interest in and appreciation for the different species of the region, largely because the animals were essential to their religious beliefs. They believed, for example, that the *teyolia* — the soul identified with the heart — could live outside the human body, in a bird, or in a butterfly.

The Spanish, on the other hand, were incapable of assimilating this relationship; likewise, they failed to understand the regulation system for the lake waters and began attempts to dry it out. This led to the disappearance of many species. In the last fifty years, the dimensions reached by the city and the consequent demand for natural resources and the production of waste, have destroyed, fragmented or polluted the natural habitats of many more species. Nonetheless, between 300 and 400 species of birds survive in the Federal District, of which around 30% are migratory.

With its streets, parks and buildings, bridges, overhead wires, and hidden corners, the city offers a range of unusual niches, which some species have learned to take advantage of: in the cracks in the pavement microcosms of minute flowers flourish; thousands of swifts hide in the chimneys of old paper factories; bats nest in the air-conditioning ducts of the highest building in the city; and, nestling inside the boxes of fruit and vegetables arriving at the central market from all over the country, spiders and insects come to set up home in the city's bathrooms and kitchens.

←

Patricia Lagarde.
El paraíso del piso 37.
(Artist's book / Libro-objeto / Kunstbuch).

For over twenty years, urban Adams and Eves used to visit an aquarium known as the "Fabulous World of the Sea" on the thirty-seventh floor of the Torre Latinoamericana.

En el piso 37 de la Torre Latinoamericana, Adanes y Evas urbanos visitaron durante más de veinte años un acuario llamado el "Fabuloso Mundo del Mar".

Im 37. Stock des Torre Latinoamericana besuchten die städtischen Adams und Evas für mehr als 20 Jahre ein Aquarium, bekannt als „Die fabelhafte Meereswelt".

Camuflaje

←

Oscar Necoechea.
(Photo / Foto).

↓

Humberto Berlanga, Manuel Grosselet, Pablo Lach.
Los pájaros de la Ciudad de México, 2008.
(Soundscape / Paisaje sonoro / Klanglandschaft). B4

Six birds native to Mexico City sing from the crowns of blossoming trees and the railings of footbridges.

Seis pájaros típicos de la Ciudad de México cantan desde las copas de frondosos árboles y los barandales de los puentes peatonales.

Sechs heimische Vogelarten singen in den Baumkronen und auf den Geländern der Fußgängerbrücken von Mexiko-Stadt.

La ciudad es el hábitat por excelencia de la humanidad, pero ello no significa que sea una jungla de asfalto en la que sólo existen seres humanos, ratas y cucarachas. En ella cohabita una gran cantidad de especies; la Ciudad de México no es la excepción. Ubicada en una zona de transición entre dos regiones biogeográficas y con una gran variedad de suelos, topografías y microclimas, la Cuenca de México no sólo alberga a los 20 millones de habitantes de la Zona Metropolitana del Valle de México, sino a un número de especies equivalente al 2% de la biodiversidad del planeta.

Cuando los españoles llegaron a Tenochtitlan se sorprendieron ante la enorme variedad de especies que desconocían. Descubrieron el colibrí y el zenzontle —que en náhuatl quiere decir "cuatrocientos tonos" por su notable capacidad de imitar las voces de otras aves—. Y es que la ciudad azteca supo convivir con su entorno. En el oriente, por ejemplo, existía un jardín botánico donde los miembros de la realeza se dedicaban a oler flores reservadas exclusivamente para ellos. Además, los habitantes originarios siempre manifestaron un profundo aprecio e interés por las diferentes especies de la región, en gran parte porque los animales tenían gran importancia en su cosmovisión. Creían, por ejemplo, que la *teyolia*, el alma identificada con el corazón, podía residir fuera del cuerpo humano, en un pájaro o en una mariposa.

Los españoles, en cambio, fueron incapaces de asimilar esta relación, así como de entender el funcionamiento del sistema de regulación de las aguas de los lagos, por lo que comenzaron su desecación. Esto condujo a la desaparición de muchas especies. En los últimos cincuenta años, las dimensiones que ha alcanzado la ciudad y las consecuentes demanda de recursos naturales y producción de desechos han destruido, fragmentado o contaminado los hábitats naturales de muchas otras especies. Sobreviven, sin embargo, entre 300 y 400 especies de aves en el Distrito Federal, de las cuales cerca del 30% son migratorias.

Con sus calles, parques y edificios, puentes, cables y rincones, la ciudad ofrece una serie de nichos insólitos que algunas especies han sabido aprovechar: en las grietas de las aceras existen microcosmos con flores diminutas, en las chimeneas de las viejas fábricas de papel reposan miles de vencejos, en los conductos de aire acondicionado del edificio más alto de la urbe anidan murciélagos, y en las cajas de frutas y verduras del principal mercado de la ciudad llegan arañas e insectos de todo el país que con frecuencia se quedan a vivir en los baños y cocinas de la urbe.

Camouflage

←

Manuel Grosselet,
Gabriel Pérez.
Más allá de la jungla de concreto, 2008.
(Photo installation / Instalación fotográfica / Fotoinstallation).

↓

Plants and animals share patios, gardens, parks, and electricity cables with human beings, or find a home in cracks in the pavement and industrial chimneys.

Plantas y animales comparten patios, jardines, parques y cables de luz con los seres humanos, o bien, encuentran hogar en las grietas de las banquetas y las chimeneas industriales.

Pflanzen und Tiere teilen die Höfe, Gärten, Parks und überirdischen Stromleitungen mit den Menschen, oder aber finden ihre Zuflucht in den Ritzen der Bürgersteige und den Schächten der Industrieschornsteine.

Die Stadt ist grundsätzlich der Lebensraum von Menschen, aber das bedeutet nicht, dass Städte reine Asphaltdschungel sind, in denen es außer Menschen nur Ratten und Kakerlaken gibt. Hier lebt eine große Zahl von Arten zusammen und in Mexiko-Stadt sogar noch mehr als anderswo. Das Tal von Mexiko, das den Übergang zwischen zwei biogeografischen Regionen bildet und viele verschiedene Bodenbeschaffenheiten, topografische Nischen und Mikroklimata aufweist, beherbergt nicht nur 20 Millionen Einwohner, sondern auch eine überaus reichhaltige Artenvielfalt, die zwei Prozent der Biodiversität unseres Planeten ausmacht.

Bei ihrer Ankunft in México-Tenochtitlán staunten die Spanier über die unzähligen, ihnen unbekannten Tier- und Pflanzenarten. Sie entdeckten den Kolibri und den Zenzontle, dessen Name in *náhuatl* „vierhundert Töne" bedeutet, denn dieser Vogel kann die Stimmen anderer Vögel imitieren. Im Osten der Aztekenstadt gab es einen botanischen Garten, wo sich der Adel am Duft der Blumen erfreute. Überhaupt hegten die Ureinwohner eine tiefe Wertschätzung gegenüber den Arten der Region, zumal viele Tiere in ihrer Religion eine grundlegende Rolle spielten. So glaubten die Azteken beispielsweise, dass die *teyolia,* die mit dem Herzen verbundene Seele, auch außerhalb des menschlichen Körpers leben kann — in einem Vogel oder einem Schmetterling.

Die Spanier dagegen verstanden diese Beziehung nicht, ebenso wenig wie das Wasserregulierungssystem der historischen Seen. Deshalb begannen sie mit der Trockenlegung des hydrologischen Beckens, was zur Folge hatte, dass viele heimische Arten ihren Lebensraum verloren. In den letzten 50 Jahren wurden durch die städtische Ausdehnung und den daraus folgenden Bedarf an natürlichen Ressourcen sowie durch die enorme Müllproduktion die Lebensräume vieler weiterer Arten zerstört, fragmentiert oder verschmutzt. Trotzdem überleben im Bundesbezirk noch heute zwischen 300 und 400 Vogelarten, von denen ca. 30 Prozent Zugvögel sind.

Die Stadt bietet mit ihren Straßen, Parks, Gebäuden, Brücken, Stromkabeln und Häusernischen eine Reihe ungewöhnlicher Lebensräume, die einige Arten gut für sich zu nutzen wissen: In den Spalten der Bürgersteige gibt es vielfältige Mikrokosmen mit winzigen Blumen, in den Schornsteinen der alten Papierfabriken schlafen Tausende Mauersegler, in den Schächten der Klimaanlage des Torre Mayor, des höchsten Gebäudes der Stadt, nisten Fledermäuse, und zum zentralen Großmarkt kommen Spinnen und Insekten in Obst- und Gemüsekisten aus dem ganzen Land "angereist" und besiedeln von hier aus die Badezimmer und Küchen der Stadt.

Counterpoint

Mexico City is a space of multitudinous faces that reflect the miscegenation between Spanish and indigenous people during the *Conquista*, as well as of the intermixing of those migrating to the city from the interior of the country and from all parts of the world over the course of the twentieth century. However, Mexico City's inhabitants do not only build their identities from this multicultural heritage. The identity of the diverse groups making up this city is linked to the confrontations between them, which affect day-to-day life and play themselves out in socioeconomic inequality, gender discrimination, and marginalization → As a consequence different sociocultural groups emerge as counterpoints of society. The families of those who have migrated to the United States, the indigenous people, and street kids import, mix, and create their own cultural references. Some do it quietly, others use the streets for self-affirmation and to fight against exclusion. Together, they oblige the city to confront its contradictions, and they propose alternative solutions.

Contrapunto → La Ciudad de México es un lugar de múltiples rostros en parte por el proceso de mestizaje que ocurrió entre la cultura indígena y la española a partir de la Conquista, y también por la migración internacional y del interior del país, que tuvo lugar a lo largo del siglo XX. Sin embargo, la construcción de identidad de los habitantes de la Ciudad de México no está anclada únicamente a su condición multicultural. Es un proceso ligado a la búsqueda de respuestas e interpretaciones ante fenómenos sociales que marcan la vida cotidiana, como la desigualdad socioeconómica, la marginación y la discriminación de género. → De este modo, se crean diferentes grupos socioculturales. Como contrapuntos de la sociedad, las familias de los migrantes a Estados Unidos, los indígenas, los niños de la calle y la población periférica en general importan, mezclan y crean sus propios referentes culturales. Algunos lo hacen en silencio, otros usan las calles para autoafirmarse y combatir la exclusión. Entre todos, obligan a la ciudad a enfrentarse con sus contradicciones y le proponen alternativas.

Grenzgänger → Die Identität der Bewohner Mexiko-Stadts wird durch viele unterschiedliche Einflüsse geprägt, durch das Mestizentum — die Verschmelzung der indigenen und der spanischen Kultur — und durch die Zuwanderung aus dem In- und Ausland im Verlauf des 20. Jahrhunderts. Die Identitätsbildung beruht aber nicht nur auf dieser Mischung der Kulturen. Sie ist auch als Antwort auf gesellschaftliche Phänomene zu verstehen, die das tägliche Leben der Einwohner von Mexiko-Stadt prägen: die sozioökonomische Ungleichheit, die soziale Ausgrenzung und die geschlechtsspezifische Diskriminierung. → Es entstehen infolgedessen unterschiedliche soziokulturelle Gruppierungen. Als Grenzgänger der Gesellschaft importieren, mischen und schaffen die Familien derer, die in die USA emigriert sind, die indigene Bevölkerung oder die Straßenkinder ihre eigenen kulturellen Bezugspunkte. Einige tun das im Stillen, andere nutzen die Straße, um sich zu artikulieren und um nicht ausgeschlossen zu werden. Alle zusammen zwingen sie die Stadt, ihre Widersprüche offen auszutragen und immer neue Alternativen zu erproben.

MAZATECO. **_Nangi ndá_**
Land in the Water. Tierra en el agua. Land im Wasser.

CHICHIMECO JONAZ. **_Kuríhi_**
Within the Water. Dentro del agua. Im Wasser.

CHINANTECO. **_Giajmiï̈_**
Placed on the water. Puesto sobre el agua. Auf dem Wasser gelegen.

MIXTECO. **_Nu koyo_**
Humid town. El pueblo de la humedad. Dorf von Feuchtigkeit.

TOTONACO. **_Kalkuyunanin_**
Place of much war. Donde se hace mucho la guerra. Wo viel Krieg geführt wird

NÁHUATL. **_Tlakpak_**
Above. Arriba. Oben.

MIXE. **_Nëwemp_**
On the edge of the water. A la orilla del agua. Am Wasserrand.

CHONTAL. **_Nojkaj tä México_**
Great town of Mexico. Pueblo grande de México. Großes Dorf von Mexiko.

MATLAZINCA. **_Pintow^{h}áti_**
Inside the little box. Dentro del cajoncito. Im Kästchen.

babel
región 4

Whispers

During colonial times, the evangelizing friars studied the languages of those who were 'natural' to this land. When Mexico won independence in 1810, the political rights of indigenous people were annulled. The revolution of 1910 sought to assimilate indigenous people into the dominant culture: the mestizo or mixed-race culture that only speaks Spanish. The 2000 census records eighty-five indigenous languages in Mexico. By 2004 the official figure was fifty-six, or maybe sixty-two. The truth is that no one knows. None of these languages are official. Between 1998 and 2008, the National School of Anthropology and History trained fifteen linguists. Only seven of them study an indigenous language.

In Mexico indigenous people recognize themselves as belonging to an ethnic group, not by racial or linguistic criteria. To be or not be indigenous is an individual choice. Around one million people — 6% of Mexico City's population — see themselves as indigenous. Contrary to what most people seem to believe, only 7% are street vendors. The reality is that the men are physically building the city, while the women sustain it emotionally. One in three indigenous men is a construction worker; six out of ten indigenous women work in other people's homes, cleaning their houses, cooking their food, and looking after their children.

The indigenous migrants to the city tend not to break the ties with their native communities, and commonly return to help out with their village's religious celebrations. They are urban indigenous people, without that being a contradiction. As they settle down in the city, the new generations consolidate the collective forms of organization that allow them to support their fellows, while allowing them to reproduce and reconstruct their communities within the new urban setting.

The indigenous settlements in Mexico City are defined not by ethnicity but rather by gender. Women settle in residential areas while the men set up in industrial areas. As a result, the forms of collective organization that emerge are to a large extent multiethnic.

In 1994, the uprising of indigenous people in Chiapas moved the entire world. That year, and in 2001, two constitutional reforms were undertaken that were crippled, one-armed, blind, and deaf. They have been legally contested for failing to respect both the Chiapas agreements and the international treaties, that Mexico has signed. Nonetheless, looking beyond the government response, the indigenous people's movement led to a radical transformation in the day-to-day relationship between mestizos and indigenous people, and allowed the latter to begin to assert their identity in the public sphere.

←

Sol Aréchiga, Yásnaya Aguilar. *Babel región 4,* 2008. (Installation / Instalación).

The names given to Mexico City in various indigenous languages.

Los nombres de la Ciudad de México en diversas lenguas indígenas.

Namen von Mexiko-Stadt in verschiedenen indigenen Sprachen.

HONORIO HERNÁNDEZ.
48 YEARS / AÑOS / JAHRE.
25 YEARS IN THE CITY, CIVIL SERVANT, NATIVE CHINANTECO SPEAKER.
25 AÑOS EN LA CIUDAD, SERVIDOR PÚBLICO, CHINANTECO.
SEIT 25 JAHREN IN DER STADT, TÄTIG IM ÖFFENTLICHEN DIENST, MUTTERSPRACHE CHINANTECO.

I am, I believe I am a good public employee, I give people the treatment they deserve. I would like, as an indigenous person, for people to treat us better. They say we are marginalized and that's why I try to do my job to the best of my abilities.

Yo soy, siento que soy un buen servidor, trato la gente como se merece. Yo quisiera que como indígena que se nos tratara mejor. Se dice que somos algo marginado y por eso yo trato de hacer mi trabajo lo mayor posible que esté mi alcance.

Ich glaube, ich bin ein guter Angestellter und behandel die Menschen, wie sie es verdienen. Es würde mir als *indígena* gefallen, wenn wir besser behandelt werden würden. Man sagt, wir sind ausgegrenzt, und deshalb versuche ich, meine Arbeit zu machen so gut ich kann.

IGNACIO VILLAMAR.
48 YEARS / AÑOS / JAHRE.
33 YEARS IN THE CITY, CARPENTER, NATIVE TLAPANECO SPEAKER.
33 AÑOS EN LA CIUDAD, CARPINTERO, TLAPANECO.
SEIT 33 JAHREN IN DER STADT, SCHREINER, MUTTERSPRACHE TLAPANECO.

It's not just one day, but an endless day. Day after day I'm working. And this day after day is happiness for me because I love the wood and that is joy for me.

No es un solo día, sino que son días permanentes. Día tras día que yo elaboro. Y eso día tras día es para mí la felicidad porque yo amo la madera y ese es mi alegría.

Es ist nicht nur ein Tag, sondern jeden Tag. Tag um Tag arbeite ich. Und das ist für mich Tag für Tag das Glück, denn ich liebe Holz, das ist für mich meine Freude.

Trades and indigenous identity in Valle de Chalco

SOLEDAD MÉNDEZ.
55 YEARS / AÑOS / JAHRE.
36 YEARS IN THE CITY, SEAMSTRESS, NATIVE TOTONACA SPEAKER.
36 AÑOS EN LA CIUDAD, COSTURERA, TOTONACA.
SEIT 36 JAHREN IN DER STADT, SCHNEIDERIN, MUTTERSPRACHE TOTONACA.

I invite all women to look for a job for themselves. If they don't like to sew, but they know how to bake bread then let them bake bread. At home you see your children, you send them to school, you prepare lunch…

Yo invito a todas las mujeres a que se busquen un trabajo.
Si no quieren la costura, si saben hacer pan que hagan pan. En su hogar tú ves a tus niños, los mandas a la escuela, haces tu comida...

Ich möchte alle Frauen dazu ermutigen, daheim zu arbeiten. Wenn sie nicht nähen wollen, aber Brot backen können, sollen sie Brot backen. Zu Hause bist du mit deinen Kindern, du schickst sie in die Schule, du machst das Essen...

NOEMÍ VARGAS.
25 YEARS / AÑOS / JAHRE.
14 YEARS IN THE CITY, ADMINISTRATIVE WORKER, NATIVE MIXE SPEAKER.
14 AÑOS EN LA CIUDAD, TRABAJADORA ADMINISTRATIVA, MIXE.
SEIT 14 JAHREN IN DER STADT, VERWALTUNGSANGESTELLTE, MUTTERSPRACHE MIXE.

I'd like to advise all the people who've left their villages to speak their own language, right? Even though they're here, not to forget it but to keep on using it.

Le aconsejo a todas las personas que salieron de sus pueblos que hablen su lengua ¿no? Y que aunque estén aquí pues que no la olviden que la sigan hablando.

Ich rate allen, die ihre Dörfer verlassen haben, dass sie ihre Sprachen weitersprechen, oder? Damit sie, selbst wenn sie hier sind, ihre Sprachen nicht vergessen.

Murmullos

Durante la Colonia, los frailes evangelizadores se dedicaron a estudiar las lenguas de los "naturales" de estas tierras. Con la independencia de México en 1810, los derechos políticos de los indígenas fueron cancelados. La revolución de 1910 buscó la asimilación de los indígenas a la cultura dominante: la mestiza que sólo habla español. En el censo de 2000 se dijo que en México hay 85 lenguas indígenas. Para 2004, la cifra oficial era 56 o tal vez 62. La verdad es que nadie sabe. Ninguna es lengua oficial. Entre 1998 y 2008, la Escuela Nacional de Antropología e Historia le dio al país 15 licenciados en lingüística. Sólo 7 de ellos estudian alguna lengua indígena.

En México los indígenas se reconocen por autoadscripción étnica, no por criterios raciales o lingüísticos. Ser o no ser indígena es una decisión propia. El 6% de la población de la Ciudad de México, lo que equivale a un millón de personas, se asume como tal. Frente a lo que la mayor parte de los habitantes cree, sólo 7% son vendedores ambulantes. La realidad es que los hombres edifican la ciudad físicamente y las mujeres la sostienen emocionalmente. Uno de cada tres hombres indígenas es albañil, seis de cada diez mujeres indígenas se dedican al aseo del hogar, la preparación de alimentos y el cuidado de los hijos de otras personas.

Los indígenas migrantes a la ciudad no suelen romper con sus comunidades de origen y es común que cooperen para las fiestas religiosas. Son indígenas urbanos, sin que ello implique que haya contradicción. A medida que se van asentando en la ciudad, las nuevas generaciones consolidan las formas colectivas de organización que les permiten apoyar a sus congéneres pero también les permiten reproducir y reconstituir las comunidades en las nuevas condiciones urbanas.

Los asentamientos indígenas en la Ciudad de México se ubican no por criterios de etnicidad sino más bien de género. Las mujeres se localizan en zonas residenciales y los hombres en zonas industriales. De ahí que las formas de organización colectiva que surgen sean en gran medida pluriétnicas.

En 1994 el alzamiento de los indígenas en Chiapas conmocionó al mundo entero. Ese año y en 2001 se hicieron dos reformas constitucionales que están cojas, mancas, ciegas y sordas, que han sido impugnadas pues no respetan los acuerdos de Chiapas ni los tratados internacionales que México ha suscrito. Sin embargo, más allá de la respuesta gubernamental, el movimiento indígena dio lugar a una transformación radical en la relación cotidiana entre mestizos e indígenas y permitió que estos últimos comenzaran a afirmar su identidad en el espacio público.

←

Sol Aréchiga, Radio Cualli Otli. (Interviews / Entrevistas).

Oficios e identidad indígena en el Valle de Chalco.

Handwerk und indigene Identität im Chalco-Tal.

•

Leonardo Heiblum. (Soundscape / Paisaje sonoro / Klanglandschaft). C1

Various indigenous languages blend and flow into one another, revealing their musicality together and in isolation.

Diversas lenguas indígenas se mezclan y confluyen develando cada una y en conjunto su musicalidad.

Verschiedene indigene Sprachen spielen zusammen und überlagern sich. So enthüllen sie gemeinsam und jede für sich ihre Musikalität.

Außenseiter

←

Katya Brailovsky.
(Photo / Foto).

↓

Javier Areán,
Sol Aréchiga, 2008.
(Installation / Instalación).

For the indigenous people, Mexico City is like a Klein bottle: although they are inside, feeding it as domestic employees and building it as construction workers, they are kept out by marginalization.

La Ciudad de México es para los indígenas como una botella de Klein: aunque están adentro, alimentándola como empleados domésticos y construyéndola como albañiles, la marginación los mantiene afuera.

Mexiko-Stadt ist für die indigene Bevölkerung wie eine Klein'sche Flasche: obwohl sie in der Stadt leben und sie als Hausangestellte ernähren und als Bauarbeiter errichten, hält die gesellschaftliche Ausgrenzung sie außerhalb.

Während der Kolonialzeit machten es sich die Missionare zur Aufgabe, die Sprachen der „Eingeborenen" zu studieren. Mit der Unabhängigkeit Mexikos 1810 wurden die politischen Rechte der indigenen Bevölkerung aufgehoben, und im Zuge der Revolution von 1910 sollten sie an die dominierende Kultur der Mestizen, die ausschließlich Spanisch sprachen, assimiliert werden. Die Volkszählung im Jahre 2000 ergab, dass in Mexiko 85 indigene Sprachen existieren. 2004 betrug die offizielle Zahl noch zwischen 56 und 62. In Wahrheit weiß das niemand so genau. Keine der indigenen Sprachen ist Amtssprache. Zwischen 1998 und 2008 verzeichnete die Anthropologische Hochschule 15 Abgänger im Fachbereich Linguistik: nur sieben von ihnen beschäftigten sich mit indigenen Sprachen.

Die indigene Bevölkerung wird in Mexiko danach definiert, welchem Volk sie sich selbst zugehörig fühlt, nicht aber nach ethnischen oder sprachlichen Kriterien. *Indígena* zu sein oder nicht, ist die Entscheidung jedes Einzelnen. Sechs Prozent der Bevölkerung von Mexiko-Stadt, das entspricht etwa einer Million Menschen, bezeichnet sich selbst als indigen. Entgegen der Vorstellung der meisten Stadtbewohner sind nur sieben Prozent von ihnen Straßenverkäufer. In Wirklichkeit errichten die Männer die Stadt, und die Frauen sorgen für ihren Erhalt. Jeder dritte männliche *indígena* ist Maurer, und sechs von zehn indigenen Frauen arbeiten als Putzfrau, bereiten Essen zu und passen auf die Kinder anderer Leute auf.

Die *indígenas*, die in die Stadt abwandern, bleiben in der Regel ihren Gemeinschaften verbunden. Sie sind städtische *indígenas,* was kein Widerspruch ist. Die neuen Generationen schaffen nach und nach kollektive Organisationsformen, die es ihnen ermöglichen sowohl ihre Verwandten auf dem Lande zu unterstützen als auch neue, städtische Gemeinschaften aufzubauen.

Die indigene Bevölkerung lebt in der Stadt weniger nach ethnischen Gruppen, sondern nach Geschlechtszugehörigkeit getrennt. Die Frauen findet man in Wohnvierteln und die Männer in Industriegebieten. Daher entstehen im täglichen Zusammenleben neue, multiethnische Gruppierungen.

Der Aufstand der *indígenas* im Bundesstaat Chiapas im Jahre 1994 bewegte die ganze Welt. In der Folge wurden zwei Verfassungsreformen ausgearbeitet, die jedoch mehr als unzureichend sind und angefochten werden, da sie weder die Abkommen von Chiapas noch die, von Mexiko unterschriebenen, internationalen Verträge achten. Dennoch hat die indigene Bewegung, unabhängig von den Reaktionen der Regierung, eine radikale Veränderung in der täglichen Beziehung zwischen Mestizen und der indigenen Bevölkerung bewirkt, und schrittweise beginnen die *indígenas* ihre Identität im öffentlichen Raum zu behaupten.

Everyday Nomads

Like any other city, Mexico City has always had a center and a periphery, which have gradually expanded according to the geographical configuration of the city and the location of the centers of political as well as financial power. Thus, during the sixteenth century, the center was the Spanish city and the periphery was the indigenous city that occupied the marshlands to the west.

In the middle of the twentieth century, Mexico City exceeded its political boundaries for the first time. Migration from the provinces and the Federal District to the State of Mexico was the result of two necessities: for impoverished workers, it was the search for cheap building lots or federal lands on which they could build their homes; in the case of the upper and middle classes, it was the search for suburbs that would provide better living conditions. This growth was so intense that today some eleven of the twenty million people living in the Metropolitan Area of the Valley of Mexico live in suburban municipalities. Thus, this peripheral condition impacts the daily life of more than half of the population of this city.

As it has grown, urban sprawl has devoured and transformed surrounding villages, some even older than Mexico-Tenochtitlan itself. They found their own centers subsumed by the distant reference of the capital's Historic Center.

There are different types of peripheries though from the perspective of those living in the capital everybody living in 'the burbs' are viewed as the same, and all are viewed with disdain. But the inhabitants of the periphery know how to differentiate amongst themselves. Some still carry the countryside in the mud on the soles of their shoes, which they hide in black bags before entering the city, and in the cost of the long distance call charges they pay to phone the Federal District, though they are part of the same city. Others have a more suburban identity, and while they stroll through their local shopping mall, they look down on those who come from a more rural part of the periphery. And then, there are the others, the minority, who have given up looking for the center and for their ideal of well-being. They live on the margins of contemporary material comforts and remain nomads in sedentary times.

The peripheral condition defines the everyday lives of over half the city's inhabitants. Several problems result. In a city that has overrun its natural boundaries and is a mosaic of conflicting identities, it is sometimes difficult for its inhabitants to find their place in society and assume their role as citizens.

←

Nuria Ibáñez.
La cuerda floja, 2008.
(Video). C2

The city's periphery, in a double sense: as a geographical fringe, and as a way of life that unfolds on the margins of the needs of modern man. The portrait of a nomadic family in a sedentary age.

La periferia de la ciudad en un doble sentido: como borde geográfico y como forma de vida que se desarrolla al margen de las necesidades del hombre contemporáneo. Retrato de una familia nómada en tiempos de sedentarismo.

Städtische Peripherie im doppelten Sinne: als geografischer Rand und als Lebensform, die sich am Rande der heutigen menschlichen Bedürfnisse entwickelt. Porträt einer Nomadenfamilie in Zeiten der Sesshaftigkeit.

CENTRAL AMERICAN MIGRANT.
MIGRANTE CENTROAMERICANO.
ZENTRALAMERIKANISCHER MIGRANT.

I am from Honduras, I left twenty days ago. We got to Guatemala by bus, but to reach Mexico we have to climb on the cargo train because it's the only way we can travel. We can't go by bus because the border police take us off and all that. It's a very tough road (…) to get here, to these places that help migrants, where we can have a wash. The road has been very hard, very tough, you don't sleep much.

Vengo de Honduras, salí hace veinte días. Hasta Guatemala llegamos en autobús, llegando a México pues ya tenemos que abordar el tren de carga porque es la única manera de transportarnos; en autobús no podemos viajar porque nos baja migración y todo eso. Es muy duro el camino (...) hasta llegar aquí, a estos lugares de ayuda a migrantes, es donde podemos tomar un baño. El camino ha sido muy duro, muy pesado, se duerme poco.

Ich komme aus Honduras, bin vor 20 Tagen von dort weg. Bis Guatemala sind wir mit dem Bus gefahren, in Mexiko mussten wir dann den Güterzug nehmen, denn das ist die einzige Möglichkeit, weiterzukommen. Mit einem Bus können wir nicht fahren, denn da holt einen die Ausländerbehörde raus. Der Weg ist sehr hart. (...) bis hierher, wo uns Migranten geholfen wird, hier können wir duschen. Der Weg war sehr hart, sehr anstrengend, man schläft wenig.

Testimonials from the 'Casa del Migrante'

NEIGHBOR.
VECINA.
NACHBARIN.

My heart bleeds for them, I felt terrible when I saw them go by, I protected them, gave them a hand, I got them buckets of water from here. I dressed them, even in women's trousers, I made them look pretty. My kids told me "Mum, you're only missing the aftershave and moisturizer," and I said "well if I can, why not?" The little I have I give to them.

Yo me sacó el corazón para ellos, me sentía muy mal cuando los veía pasar, yo los protegí, les eché la mano, les saqué botes de agua de acá. Yo los vestía, hasta con pantalones de mujer, yo los ponía guapos. Mis hijos me decían: "Mamá, nada más falta que les lleves el perfume, la crema", y les digo: "Pues si puedo, ¿por qué no?" Lo poquito que yo tengo yo les doy.

Ich würde alles für sie geben, ich hatte ein sehr schlechtes Gefühl, als ich die Migranten vorbeikommen sah, ich habe sie beschützt, ihnen geholfen, ich habe ihnen Wasser rausgebracht. Ich habe ihnen Kleidung gegeben, sogar Frauenhosen, und sie zurecht gemacht. Meine Kinder sagten mir „Mama, jetzt musst du ihnen nur noch Parfum und Creme bringen", und ich sagte ihnen: „Na, wenn ich das habe, warum nicht?" Das bisschen, was ich habe, gebe ich ihnen gerne.

Nómadas cotidianos

La Ciudad de México, como cualquier otra ciudad, siempre ha tenido un centro y una periferia que se han ido desplazando dependiendo de la configuración geográfica de la urbe y de la ubicación de los centros de poder, tanto político como económico. Así, en el siglo XVI, el centro era la ciudad española y la periferia la ciudad indígena, que comenzaba al borde de lo que hoy es el primer cuadro del Centro Histórico.

A mediados del siglo XX, la Ciudad de México rebasó por primera vez sus límites políticos. La migración tanto de provincia como del Distrito Federal hacia el Estado de México y, más tarde, hacia el de Hidalgo respondió a dos necesidades: en el caso de los migrantes pobres, a la búsqueda de terrenos baratos o federales para construir una vivienda propia, y en el caso de la clase media y alta, a la búsqueda de suburbios dotados de condiciones de vida más favorables. Este crecimiento fue tan intenso que hoy en día alrededor de once de los veinte millones de habitantes de la Zona Metropolitana del Valle de México habitan en los municipios conurbados.

Conforme ha ido creciendo, la mancha urbana ha devorado y desdibujado muchos pueblos, algunos incluso más antiguos que la misma México-Tenochtitlan, los cuales han sufrido la sustitución de su propio centro por el de la ciudad.

Hay diferentes tipos de periferia, aunque desde la perspectiva de los capitalinos todos los habitantes de "los alrededores" sean iguales y los miren, en general, con desprecio. Los habitantes de la periferia se saben distintos entre sí. Algunos todavía traen el campo en los zapatos llenos de tierra que esconden en bolsas negras antes de entrar a la ciudad, y en el costo de la larga distancia que tienen que pagar cuando llaman por teléfono a la Ciudad de México, aunque sean parte de ella. Otros tienen una identidad más suburbana y miran con altanería a los que vienen de una periferia más rural, mientras se pasean en la tienda departamental de su localidad. Finalmente, quedan otros, los menos, que han renunciado a perseguir el centro y su ideal de bienestar: viven al margen de las necesidades materiales del hombre contemporáneo y son nómadas en tiempos de sedentarismo.

La condición de periferia marca así la vida cotidiana de más de la mitad de los habitantes. Ello genera ciertos problemas. En una ciudad que desbordó sus límites espaciales y que consiste en un mosaico de identidades muchas veces enfrentadas, a veces es difícil para sus habitantes encontrar su lugar dentro de la sociedad y asumirse como ciudadanos.

←

Bernard Corteggiani, 2008. (Interview / Entrevista).

Testimonios de la Casa del Migrante.

Berichte aus der „Casa del Migrante".

On their odyssey towards the United States, many Central American migrants pass through Mexico City. The Migrants' House, in Ecatepec, offers these indocumentados *a safe haven from assaults and people-traffickers.*

En su odisea rumbo a Estados Unidos, muchos migrantes centroamericanos pasan por la Ciudad de México. La Casa del Migrante, en Ecatepec, ofrece a los indocumentados un lugar donde estar a salvo de los asaltos y de los traficantes de personas.

Auf ihrer Odyssee in die USA kommen viele zentralamerikanische Migranten durch Mexiko-Stadt. Das Haus der Migranten in Ecatepec bietet den indocumentados *einen Zufluchtsort vor Überfällen und Schleppern.*

06:05 Lupita reaches the Indios Verdes terminal, the principal entry point to the Federal District when coming from the north. On the stairs to the metro she avoids the pushing and shoving of the people who rush to and fro. She cleans the dirt from her shoes as though she were about to cross the threshold of a house…

06:05 Lupita llega al paradero de Indios Verdes, entrada principal al Distrito Federal viniendo del norte. En las escaleras del metro, resiste las embestidas y empujones de la gente que va y viene. Ella se limpia la tierra de los zapatos como si estuviera a punto de cruzar el umbral de una casa…

06:05 Lupita kommt an der Haltestelle Indios Verdes an, dem wichtigsten Knotenpunkt, um in die Stadt zu gelangen, wenn man aus Richtung Norden kommt. Auf der Treppe zur U-Bahn hält sie dem Ansturm und dem Gedränge der Menschenströme stand. Sie putzt die Erde von ihren Schuhen, als ob sie gleich über die Türschwelle eines Hauses treten würde...

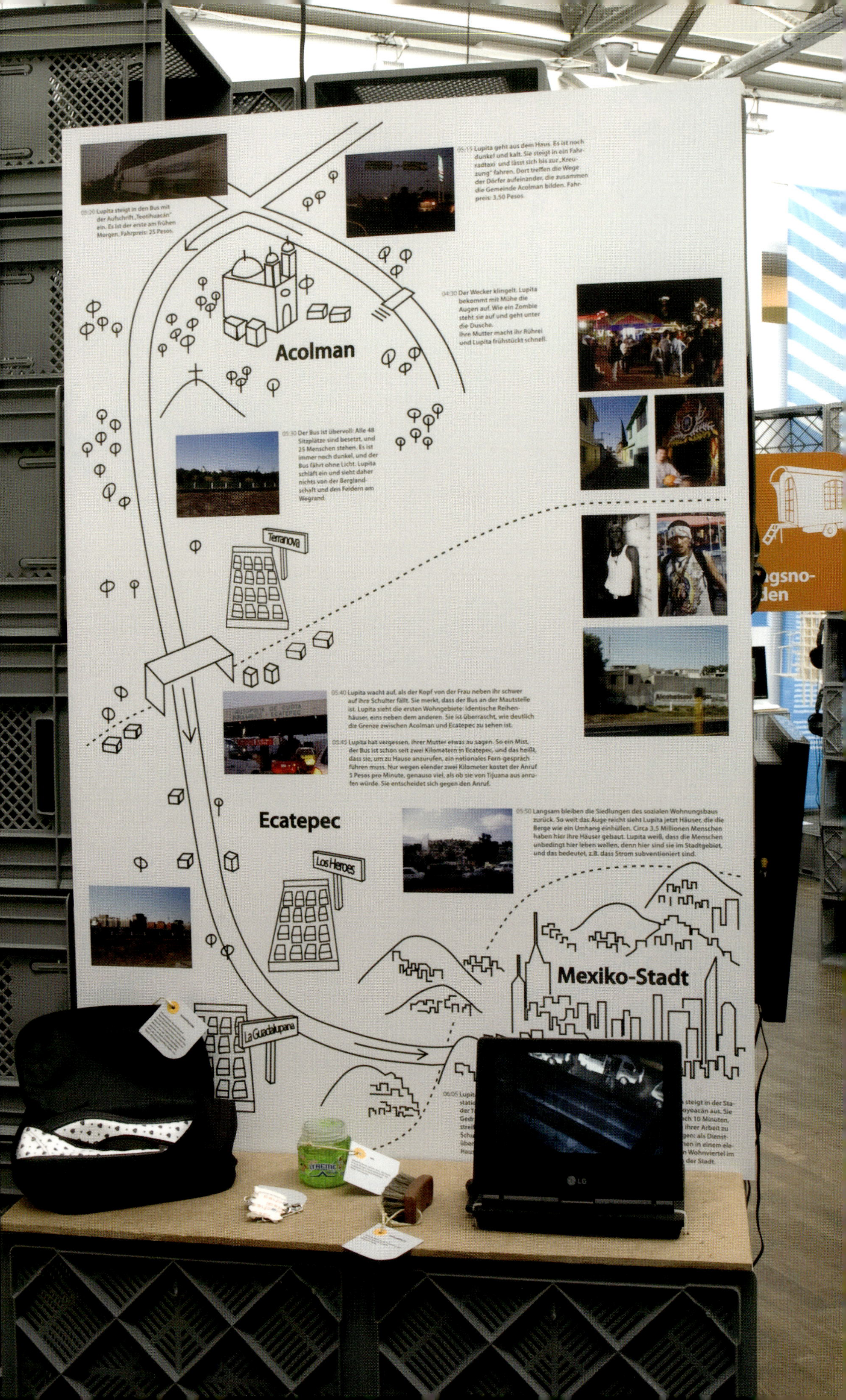

Alltagsnomaden

Mexiko hatte, wie jede andere Stadt auch, schon immer ein Zentrum und eine Peripherie. Diese haben sich infolge von Veränderungen der geografischen Rahmenbedingungen sowie der politischen und wirtschaftlichen Machtzentren häufig verschoben. So bildete im 16. Jahrhundert die spanische Kolonialstadt das Zentrum und die indigenen Siedlungen die Peripherie, die unmittelbar dort anfing, wo heute die historische Altstadt aufhört.

Mitte des 20. Jahrhunderts sprengte Mexiko-Stadt seine politisch-administrativen Grenzen. Die Migration, sowohl aus dem Landesinneren in die Hauptstadt als auch aus dem Bundesbezirk in den umliegenden Bundesstaat Mexiko und später in den Bundesstaat Hidalgo, entsprang zwei Bedürfnissen: Die armen Migranten suchten unerschlossenes, zumeist illegal parzelliertes und somit billiges Bauland, und die Mittel- und Oberschicht suchte Vororte mit bevorzugten Lebensbedingungen. Diese Bewegung war so stark, dass heute ca. elf der 20 Millionen Einwohner der Metropolregion des Tals von Mexiko im Umland der Stadt leben und nicht im Bundesbezirk selbst.

Durch ihr Wachstum hat das Stadtgebiet viele Dörfer einverleibt, wovon einige älter waren als México-Tenochtitlán selbst. Die historische Zentrumsfunktion dieser Dörfer wurde durch das Zentrum der Stadt ersetzt.

In den Augen der Hauptstädter sind alle Bewohner aus dem Umland gleich, und sie werden von ihnen im Allgemeinen mit Herablassung betrachtet. Die Bewohner der Peripherie selbst unterscheiden sich jedoch sehr wohl untereinander. Bei manchen hängt der Acker im wahrsten Sinne des Wortes noch am Stiefel, wenn sie ihre erdbeschmutzten Schuhe vor dem Erreichen der Stadt in schwarzen Tüten verstecken, und ihre Anrufe nach Mexiko-Stadt werden als Ferngespräch berechnet, obwohl sie doch eigentlich in der gleichen Metropolregion leben. Andere nehmen die Identität als Vorstädter an und sehen auf die ländlicheren Randgebiete herab, während sie durch das Kaufhaus des nächstgelegenen Shopping-Centers streifen. Wieder andere schließlich, einige wenige, haben darauf verzichtet, dem Zentrum und seinem Ideal von Wohlstand nachzueifern. Sie leben am Rande der Bedürfnisse des modernen Menschen und sind Nomaden in Zeiten der Sesshaftigkeit.

So prägt die Realität der Peripherie das tägliche Leben von über der Hälfte der Einwohner der Metropole, eine Situation, die durchaus Schwierigkeiten mit sich bringen kann. In einer Stadt, die förmlich „übergelaufen" ist, und die aus einem Mosaik von oft zueinander im Konflikt stehenden Identitäten besteht, ist es für die Bewohner zuweilen sehr schwierig, ihren Platz in der städtischen Gesellschaft einzunehmen und sich als Bürger zu konstituieren.

←

Francisco Elías
with / con / mit Daniel Silvo,
Rubén Ávila, 2008.
(Instalación / Installation).
C2b

The daily three-hour journey beginning in a village on the edge of the metropolitan area, crossing the suburbs to finally reach a city that only sees itself.

Trayecto cotidiano de tres horas que inicia en un pueblo al borde de la zona metropolitana, atraviesa los suburbios y, finalmente, llega a la ciudad que sólo se ve a sí misma.

Dreistündiger, täglicher Arbeitsweg, der in einem Dorf am Rande der Metropolregion beginnt, die Vororte durchquert und schließlich in eine Stadt führt, die nur sich selbst bereit ist zu sehen.

A Good Look

The women of this city have more to think about than the weather when getting dressed. The first thing that comes to their minds is the unpleasant memory of some 'macho' in the neighborhood who whistled, murmured something, chatted them up, groped them or undressed them with his eyes, the day they dared go out wearing a sexy top. All women — fat, ugly, tall, short — have suffered obscenities from men in the street.

Mexico City is top of the national list of violence against women in public spaces. According to a survey, more than 65% of women have been victims, especially when travelling in public transport, where men take advantage of the crowd to abuse.

Yet it is not just in the streets that women experience harassment from men, which runs from machismo to misogyny, gallantry to contempt. This discrimination also extends to other areas such as the workplace, where women receive lower salaries than their male colleagues, or in their own homes, where they are subject to their husbands' physical violence, which they rarely report out of fear and lack of knowledge of their rights. Despite this, the mass media, the church, and the most conservative political parties continue to impose predetermined roles for men and women, reinforcing their differences rather than reducing them.

Therefore, although women are a majority in Mexico City — there are 91 men for every 100 women — this has not led to a fairer situation for them. In fact 60% are unpaid housewives and outside the home they still fulfill supporting rather than decision-making roles; an overwhelming majority are maids (84.8% female), teachers (65.2%) and secretaries (63.7%). The minority work in public administration (30.4%) and in the production of goods and services for the market (32%). It is also women who receive the lowest salaries, being in the majority among workers who earn less than the minimum wage. If this was not enough, there is discrimination in the Mexican Courts, where women get more severe sentences than men for the same crimes.

However, new perspectives are fighting this cultural problem, intrinsically linked to machismo. A new official gender policy legalizing abortion was adopted in 2007, but since a significant part of society still rejects it, the application of the law has been complicated. On the other hand, a law came into effect in March 2008 which criminalizes gazing at a woman in a lascivious manner. Nonetheless, with a corrupt judicial system, measures like these can become excuses for abuse, and only with difficulty provoke cultural changes. It remains to be seen if Mexico is advancing toward a social transformation where women and men would be truly equal.

←

Nirvana Paz.
(Photo / Foto).

SECURITY ON BOARD
VS

Lindavista

Las mujeres de esta ciudad no sólo piensan en las condiciones atmosféricas a la hora de vestirse. Lo primero que les viene a la cabeza es el desagradable recuerdo de algún "macho" de la zona que les silbó, susurró, piropeó, manoseó y desnudó con la mirada esa vez que osaron salir a la calle con una blusa escotada. Porque todas las mujeres —ya sean gordas, feas, altas, bajas— han padecido las obscenidades masculinas en su libre tránsito por las calles.

La Ciudad de México ocupa el primer lugar del país en violencia contra las mujeres en los espacios públicos. Según una encuesta, más de 65% de las mujeres la han sufrido, especialmente en el transporte público, donde el hombre aprovecha el hacinamiento para incurrir en faltas de respeto y abusos.

Pero no sólo en las calles las mujeres viven el acoso de los hombres, que oscila entre el machismo y la misoginia, entre el galanteo y el desprecio. Esta discriminación se extiende a otros ámbitos como el trabajo, donde la mujer recibe salarios más bajos que los de sus colegas hombres, o al propio hogar, donde está sujeta a la violencia física por parte de su esposo, y que pocas veces llega a denunciar por miedo y por falta de información sobre sus derechos. A pesar de esto, los medios de comunicación, la Iglesia y los partidos políticos más conservadores siguen imponiendo roles predeterminados para hombres y mujeres, aumentando así sus diferencias en lugar de disminuirlas.

Por ello, aunque la mujer es mayoría en la Ciudad de México —hay 91 hombres por cada 100 mujeres—, esto no se ha traducido en una situación más equitativa para ella. Sesenta por ciento son amas de casa sin sueldo y fuera del hogar siguen desempeñando tareas de apoyo más que de toma de decisiones: son aplastante mayoría como sirvientas (84.8%), como educadoras (65.2%) y como oficinistas (63.7%); mientras que son minoría en la administración pública (30.4%) y en la producción de bienes y servicios para el mercado (32%). También son ellas quienes ocupan la menor franja salarial, siendo mayoría entre los trabajadores que ganan menos de un salario mínimo. Por si fuera poco, la discriminación contra las mujeres llega a los tribunales mexicanos, donde ellas reciben sentencias más severas que los hombres por los mismos delitos.

Sin embargo, nuevas perspectivas luchan por combatir este problema cultural vinculado al machismo. Recientemente se adoptó una política oficial de género que, entre otras cosas, permitió la legalización del aborto en 2007, aunque una parte importante de la sociedad sigue obstaculizando su aplicación. Por otro lado, en marzo de 2008 entró en vigor una ley que tipifica las miradas lascivas como delito. Sin embargo, frente a un sistema jurídico marcado por la corrupción, medidas de esta naturaleza pueden traducirse en abusos y difícilmente provocan cambios culturales. Así, queda por saber si se está avanzando hacia una transformación social en la que verdaderamente haya equidad entre hombres y mujeres.

←

Carlos Mier y Terán.
Security on board.
(Illustration / Gráfica / Grafik).

In response to the all-too-common sexual assaults on public transport, this artistic interpretation suggests some practical solutions.

Ante el común abuso sexual en el transporte público, esta interpretación artística propone una serie de soluciones prácticas.

Als Reaktion auf die viel zu üblichen sexuellen Belästigungen im öffentlichen Nahverkehr, präsentiert diese künstlerische Interpretation praktische Tipps zur Abhilfe.

Vir Hirsutus

The largest of all species, seen morning and evening, especially in built up areas but also frequents city centre parks. Most often seen in transit, which can be fairly slow and apparently aimless. Very subtle, often difficult to distinguish call, delivered quickly and in passing. One of the richest calls however in its attention to detail.

track 8: one wolf whistle followed by "mira guerita tan bien rica"
(translation: "look at the wee white girl, blondie, you're very tasty")
duration: 14 seconds

La mas grande de todas las especies, se encuentra de mañana y de noche, especialmente en áreas de construcción y frecuentemente en parques del centro de la ciudad. Visto a menudo transitando de manera lenta y aparentemente sin razón. Muy sutil, a menudo su llamado es difícil de distinguir ya que se da de manera rápida y de paso. Es sin embargo uno de los llamados mas ricos en contenido por su atención al detalle.

pista 8: un chiflido y "mira guerita tan bien rica"
duración: 14 segundos

Vir Rugosus

Possibly the finest call of all; articulate, extended, coherent and perfectly audible above ambient sound. Relatively bold demeanour which carries over into articulation of call. Has never been exclusively associated with the city centre and may be found in a variety of locations throughout the city.

track 10: "que preciosa nomas nada mas"
(translation: "so beautiful (precious), I'm just looking")
duration: 11 seconds

Posiblemente el llamado mas fino de todos; articulado, extendido, coherente y perfectamente audible sobre del sonido ambiente. Comportamiento relativamente audaz que se transmite en la articulación del llamado. No ha sido asociado únicamente con el centro de la ciudad y puede ser encontrado en otras locaciones.

pista 10: "que preciosa nomas nada mas"
duración: 11 segundos

Geschmacksverirrung

Die Frauen dieser Stadt denken nicht nur an die Witterungsverhältnisse, wenn sie morgens ihre Garderobe aussuchen: Das Erste, was ihnen in den Sinn kommt, sind unschöne Erinnerungen an irgendeinen „Macho", der ihnen nachgepfiffen, etwas zugeraunt, ihnen Dinge hinterhergerufen, sie angetatscht oder sie mit Blicken ausgezogen hat, als sie es einmal wagten, mit einer ausgeschnittenen Bluse auf die Straße zu gehen.

Mexiko-Stadt hält landesweit den ersten Platz, wenn es um Aggressionen gegen Frauen in der Öffentlichkeit geht. Laut einer Umfrage haben 65 Prozent der Frauen solche Erfahrungen gemacht, vor allem in den öffentlichen Verkehrsmitteln, wo die Männer das Gedränge für Respektlosigkeiten und sexuelle Belästigungen ausnutzen.

Aber nicht nur auf der Straße werden Frauen von Männern auf eine Art belästigt, die zwischen Machismo und Frauenhass, zwischen Hofierung und Verachtung schwankt. Diese Diskriminierung ist auch auf anderen Gebieten spürbar, wie zum Beispiel in der Arbeitswelt, wo Frauen weniger verdienen als ihre männlichen Kollegen, oder in den eigenen vier Wänden, wo sie den Gewaltübergriffen ihrer Ehemänner ausgesetzt sind, die sie aus Angst und aus Unkenntnis ihrer Rechte nur selten anzeigen. Zudem halten die Medien, die Kirche und die konservativen politischen Parteien noch immer fest an der Idee von vorbestimmten Rollen für Männer und Frauen.

Die Tatsache, dass Frauen in Mexiko-Stadt in der Mehrheit sind — auf 100 Frauen kommen 91 Männer — hat nicht zu mehr Gleichberechtigung geführt. 60 Prozent der Frauen sind Hausfrauen ohne Einkommen, und außerhalb ihres Haushaltes erfüllen sie nach wie vor eher unterstützende Aufgaben anstatt Entscheidungsträgerinnen zu sein. Die große Mehrheit arbeitet als Dienstmädchen, Erzieherin oder als Büroangestellte. So ist es auch nicht verwunderlich, dass sie sich auf der niedrigsten Gehaltsstufe wiederfinden und die Mehrheit in der Gruppe derer bilden, deren Gehalt unter dem Mindestlohn liegt. Die Diskriminierung reicht bis in die mexikanischen Gerichte, wo weibliche Angeklagte für dieselben Straftaten härter bestraft werden als Männer.

Trotz allem gibt es neue Perspektiven, dass dieses, in der Macho-Tradition verwurzelte, kulturelle Problem bekämpft werden soll. 2007 wurde im Bundesdistrikt eine offizielle Geschlechterpolitik verabschiedet, innerhalb derer auch — landesweit einmalig — die Abtreibung legalisiert wurde. Dieses Gesetz wird aber von einem großen Bevölkerungsteil blockiert. Im März 2008 trat des Weiteren ein Gesetz in Kraft, durch das „laszive Blicke" unter Strafe gestellt werden. Die Effizienz derartiger Maßnahmen ist in einem von Korruption durchdrungenen Justizsystem jedoch sehr fragwürdig und schwerlich nur werden durch sie kulturelle Veränderungen ausgelöst.

←

Katri Walker.
Urban Ornithology.
(Soundscape, Artist's book / Paisaje sonoro, libro-objeto / Klanglandschaft, Kunstbuch).
C3

Multimedia Installation illustrating the range of 'bird-men' whose calls can be heard in the streets of the Historic Center when a güera (white girl) goes by.

Instalación multimedia que describe los distintos "hombres-pájaro" que emiten piropos en las calles del Centro Histórico ante el paso de una güera.

Multimediale Installation, die die verschiedenen „Vogel-Männer" beschreibt, die auf den Straßen der Altstadt ihre Pfeifgesänge zum Besten geben, wenn eine güera (hellhäutige Frau) vorbeigeht.

Exposure

In 1999 it was estimated that there were 16 300 street children in Mexico City. Today the total number is unknown, but it continues to grow. Of these children, some 86% are minors working on the street to help their families but who, in general, return home to sleep. The remaining 14% are real street kids, that is, they are minors who live in the streets and maintain no relationship with their families. Of these, 44% say that the main reason for leaving home is abuse, but 24% admit that they are there because they like the street.

Supposedly, the structural origin of this problem lies in the unequal distribution of income and the lack of opportunities. Both the children and their families reflect social marginalization. Excluded from society, these children live in a vulnerable situation that makes reintegration difficult and casts them back onto networks of informality and illegality.

Although this jigsaw puzzle is solidly anchored in a specific socioeconomic context, it is a complex problem and it has other causes besides financial ones. When family and school no longer fulfill the children's basic material and affective needs, they decide not only to leave, but to stay on the streets. They seek a sense of belonging and identity in a group, inhabiting public space and adapting themselves to it to survive.

The street undoubtedly takes on another meaning for those who make their homes there. At the same time, they are a space of self-sufficiency and subsistence. These kids improvise their homes there, and look for a substitute for their damaged family relationships. They sniff glue to soothe their doubts and their hunger. Or they simply enjoy their freedom. Confronted by this hazy threshold between public and private, the average passer-by calls the furniture with which they build their homes 'rubbish,' and the children 'criminals.'

Numerous citizen-led and institutional efforts have been undertaken to deal with this problem: both repressive and positive responses. The former comes under the heading of so-called 'urban restructuring', based on the principle of social cleansing. The latter includes projects focused on social inclusion and participation, which primarily attend to the symptoms of this problem, though they tend to ignore one of the most important causes: the high levels of domestic violence.

←

Alfredo Cottin.
(Photo / Foto).

Intimidad pública

En 1999 se calculaba que existían 16 300 niños en situación de calle en la Ciudad de México. Hoy el número total es incierto, pero sigue creciendo. De todos estos niños, se estima que 86% son niños en la calle, es decir, menores que trabajan en la vía pública para ayudar en sus hogares y que, en general, regresan a dormir a sus casas. El 14% restante son niños de la calle, es decir, menores que viven en la vía pública y no mantienen ningún vínculo con sus familias. De estos últimos, 44% dice que la razón principal de su salida es el maltrato, pero 24% dice que es porque le gusta la calle.

Se dice que el origen estructural de este problema se encuentra en la distribución desigual del ingreso y en la falta de oportunidades. Tanto los niños como sus familias son el reflejo de la marginación social. Excluidos en la exclusión, los niños viven en una situación vulnerable que dificulta su integración y los arroja a las redes de la informalidad y la ilegalidad.

Aunque este rompecabezas está fuertemente anclado a una realidad socioeconómica específica, el problema es complejo y sus causas no son sólo económicas. Cuando la familia y la escuela ya no cumplen con las necesidades afectivas y materiales básicas de los niños, ellos deciden no sólo partir, sino permanecer en la calle. Buscan un sentido de pertenencia y una identidad en un grupo, habitando la vía pública y adaptándose a ella para sobrevivir.

Las calles seguramente asumen otro significado para quien hace de ellas su morada, constituyendo espacios de independencia y de subsistencia al mismo tiempo. Allí, estos niños improvisan hogares y buscan el sustituto de sus deterioradas relaciones familiares, inhalan solventes para apaciguar las preguntas y el hambre o simplemente disfrutan de su libertad. Ante esta frontera difusa entre lo público y lo privado, el transeúnte promedio llama a los muebles con los que construyen sus casas, "basura" y a los niños, "criminales".

Entre los diversos intentos civiles e institucionales por lidiar con este problema destacan dos estrategias: las represivas y las propositivas. Las primeras se encuentran encabezadas por el llamado "reordenamiento urbano", que está basado en el principio de limpieza social. Las segundas incluyen métodos participativos y proyectos asistencialistas que, sobre todo, atienden los síntomas de este problema, pero suelen dejar de lado uno de sus orígenes más importantes: los altos niveles de violencia intrafamiliar.

←

Esperanza Portilla
(Stencil / esténcil).

←

Paulina del Paso.
(Video). C4

The fifteenth birthday celebration of Ana Juliette, a street child who lived on the Insurgentes Roundabout before she and her friends were expelled from the area.

Celebración de los XV años de Ana Juliette, una niña en situación de calle que habitaba en la Glorieta Insurgentes antes de que ella y sus amigos fueran expulsados de la zona.

Debütantinnenfeier von Ana Juliette, einem Mädchen, das auf der Glorieta de Insurgentes auf der Straße lebte bis sie und ihre Freunde aus der Gegend vertrieben wurden.

Öffentliches Wohnen

1999 ging man von 16 300 Kindern aus, die einen wesentlichen Teil ihrer Zeit auf den Straßen von Mexiko-Stadt verbringen. Heute ist die Zahl ungewiss, aber steigend. Schätzungsweise 86 Prozent dieser Kinder sind Minderjährige, die auf der Straße arbeiten, um ihre Familien zu unterstützen, im Allgemeinen aber zum Schlafen nach Hause gehen. Die restlichen 14 Prozent sind Straßenkinder im eigentlichen Sinne, also Minderjährige, die auf der Straße leben und keinerlei Kontakt zu ihren Familien haben. 44 Prozent dieser zweiten Gruppe von Kindern geben Misshandlungen im Elternhaus als Hauptgrund für ihren Auszug von daheim an, 24 Prozent sagen, dass sie gerne auf der Straße leben.

Man geht davon aus, dass der Ursprung dieses Problems in der ungleichen Einkommensverteilung und den fehlenden Chancen liegt. Sowohl die Kinder als auch ihre Familien spiegeln das Problem gesellschaftlicher Ausgrenzung wider. Als Ausgeschlossene in der Ausgrenzung leben die Kinder in einer äußerst verletzlichen Situation, wodurch ihre Integration erschwert wird und sie sich in einem Netz von Informalität und Illegalität verstricken.

Zwar hängen diese Phänomene sehr stark mit der speziellen sozioökonomischen Realität zusammen, aber das Problem ist komplex und hat nicht nur wirtschaftliche Ursachen. Wenn Familie und Schule nicht mehr die emotionalen und materiellen Grundbedürfnisse der Kinder befriedigen, entscheiden sich diese, nicht nur von zu Hause auszuziehen, sondern auch, nicht wieder zurückzukommen. Auf der Suche nach Zugehörigkeit finden sie auf der Straße ihre Identität; in der Gruppe finden sie Ersatz für ihre gestörten familiären Beziehungen und den Rückhalt, um zu überleben.

Die Straße bekommt für diejenigen, die sich permanent auf ihr aufhalten, eine andere Bedeutung: sie wird zu einem Ort der Unabhängigkeit und des Lebensunterhalts. Die Kinder improvisieren in den Straßen ein Zuhause, schnüffeln Lösungsmittel, um bohrende Fragen oder den Hunger zu ersticken, oder leben bedingt ihre Freiheit aus. Der Passant jedoch, der mit dieser diffusen Grenze zwischen Öffentlichem und Privatem konfrontiert ist, bezeichnet die Fundstücke, aus denen sie ihre Häuser bauen, zumeist als „Müll" und die Kinder allzu oft als „Kriminelle".

Es gibt eine Reihe von Initiativen, die versuchen, sich dem Problem der Straßenkinder anzunehmen. Dabei gibt es sowohl repressive als auch positiv fördernde Ansätze. Die ersten werden im Rahmen der sogenannten „Stadtneuordnung" angestoßen, die auf der Idee der „sozialen Säuberung" basiert. Die zweiten versuchen es mit partizipativen Methoden und fürsorglichen Projekten und berücksichtigen in erster Linie die Symptome des Problems. Sie alle lassen aber meistens eine der wichtigsten Ursachen unbeachtet: den hohen Grad an Gewalt in den Familien.

←

Duilio Rodríguez.
Niño de la plaza Santa Veracruz.
(Photo / Foto).

←

Paulina del Paso, 2008.
(Installation, case with odor and video screen / Instalación, maleta odorífica con video / Installation, Video-Riechkoffer). **C4**

High Voltage

Against a background of population explosion and successive economic crises, young people of the city have constructed all sorts of group identities and have appropriated public space in different ways. Anchored in territoriality or socializing as modes of relating to each other and to the rest of the city, the young differentiate themselves on the basis of generation, origin, and social class. While in the 1980s and 1990s urban gangs dominated the scene, today it is the so-called 'tribes' who perform daily on the stage of a city where more than half the population is under thirty.

Called *chavos banda* (gang kids) by the media, gangs emerged with names like 'Mierdas de Neza' (Shits of Neza) or the *'PND'* (Punk not Dead [*sic*]) of San Felipe. With territory-based identities, the different groups were organized around both legal and illegal means of survival. From the mid-1980s on, their proliferation intensified, and by the 1990s there were approximately 1 500 gangs with an average of thirty members each.

Subsequently, gangs came to define themselves in terms of their dress code and the triptych 'violence, drugs, and rock and roll'. Made up mainly of marginalized youngsters, the gang names reflect this: *Verdugos* (Executioners), *Malditos Punks* (Damned Punks), *Mocos* (Snots), *Virginidad Sacudida* (Shaken Virginity), *Mugrosos* (Filthy Ones) and so forth. At the same time, the radio opened up new spaces for youth to express their worldview.

Nowadays, music — hip-hop in particular — builds bridges of communication not only among the young people living in the city, but also with those who have migrated to the US. Meanwhile, graffiti and stencils allow young people to express themselves with street art, permitting peaceful coexistence in place of violent street confrontations and drug use. New gangs also include those whose identities are based on a given attitude rather than a collective way of surviving or certain principles or artistic expressions; but who still used the street to hang out and define their style. These are the urban tribes, and they are mainly from middle-class backgrounds. One of the most prominent are the *Emos*, who subdivide into *Galletas* (Cookies), *Juguitos* (Juices), and *Gomitas* (Gummies). These youths, who take on melancholy and androgynous appearance, have to face the ridicule of other urban groups with more defined characters, as well as a chauvinistic and conservative society which refuses to accept that it is and will remain largely composed of the young.

←

Federico Gama.
Punk.
(Photo / Foto).

↓

BLackSay, J. A. Mella.
(Stencils / Esténciles).

•

Alberto Kalach, José Allard.
FAROS:
Factories of Arts and Trades.
(Project / Proyecto / Projekt).

P 248

Alto voltaje

A partir del desbordamiento poblacional y de las sucesivas crisis económicas, los jóvenes de la ciudad han configurado diversas identidades grupales y se han apropiado del espacio público de distintas maneras. Anclados en la territorialidad o en la socialización como formas de relacionarse entre sí y con el resto de la ciudad, los jóvenes se diferencian por épocas, orígenes y clases sociales. Si en los ochenta y noventa predominaron las bandas urbanas, hoy son las llamadas tribus las que protagonizan las escenas cotidianas de una ciudad en la que más de la mitad de los habitantes es menor de treinta años.

Los enfrentamientos entre los Panchitos de Observatorio y los B. U. K. (Bandas Unidas Kiss) de Tacubaya marcaron el inicio de la era de las bandas juveniles. Nombrados chavos banda por los medios de comunicación, formaron bandas como los Mierdas de Neza y los PND (Punk not Dead) de San Felipe. Partiendo de una identidad ligada al territorio, los diferentes grupos se organizaron alrededor de formas de supervivencia tanto legales como ilegales. A partir de mediados de los ochenta, su proliferación se intensificó y en los noventa había alrededor de 1 500 bandas, con un promedio de treinta miembros cada una.

Si las bandas surgidas en los ochenta fueron reconocidas por sus sólidos referentes territoriales, las de los noventa comenzaron a organizarse más bien en torno a su vestimenta y al trinomio "violencia, drogas y rock and roll". Conformadas en su mayoría por jóvenes marginados, las bandas adoptaban nombres que subrayaban la exclusión: Verdugos, Malditos Punks, Mocos, Virginidad Sacudida, Mugrosos, entre otros. En esos mismos años se abrieron espacios en los medios de comunicación, principalmente en la radio, para la libre expresión de los jóvenes.

Hoy en día, la música popular, en particular el hip-hop, tiende puentes de comunicación no sólo entre los jóvenes que habitan la ciudad, sino también con quienes han migrado a los Estados Unidos. Artes callejeros como el graffiti y el esténcil han logrado, por su parte, articular a su alrededor a muchos jóvenes, estableciendo una convivencia pacífica en zonas marcadas por violentos enfrentamientos en las calles y por la drogadicción. Asimismo, han surgido grupos cuya identidad se ha formado a partir de una actitud más que de formas colectivas de supervivencia, principios o manifestaciones artísticas, pero que utilizan la calle para convivir y definir su estilo. Se les conoce como tribus urbanas y pertenecen, en su mayoría, a la clase media. Una de las más destacadas es la de los emos, conformada por grupos autodenominados Galletas, Juguitos y Gomitas. Estos jóvenes, que se asumen melancólicos y andróginos, han tenido que enfrentar el cuestionamiento de otros grupos urbanos con perfiles más definidos, así como a una sociedad machista y conservadora que no termina de aceptar que está y estará compuesta mayoritariamente de jóvenes.

←

Mauricio García.
Emo.
(Photo / Foto).

THE INVINCIBLE

Hochspannung

Im Kontext von Übervölkerung und sich einander ablösender Wirtschaftskrisen haben die Jugendlichen der Stadt verschiedene Gruppierungen herausgebildet, die sich den öffentlichen Raum zu eigen machen. Die Banden unterscheiden sich voneinander bezüglich ihrer jeweiligen Entstehungszeit, ihrer Herkunft und ihrer Zugehörigkeit zu verschiedenen sozialen Schichten; sie unterscheiden sich auch darin, in welcher Form sie ihr Territorium beanspruchen und wie sie mit dem Rest der Stadtbewohner in Kontakt treten. Waren in den 1980er und 1990er Jahren die Straßenbanden üblich, sind heute die *tribus* („Stämme") die Protagonisten auf den Straßen einer Stadt, in der mehr als die Hälfte der Bevölkerung jünger als 30 Jahre alt ist.

Die Zusammenstöße zwischen den Panchitos aus Observatorio und den B. U. K. („Vereinigte Banden Kiss") aus Tacubaya läuteten die Ära der Jugendbanden ein. Es entstanden die in den Medien als *chavos banda* („Bandenjungs") bezeichneten Gangs wie die Mierdas de Neza und die Punk not Dead aus San Felipe. Die Gruppen organisierten sich anhand legaler und illegaler Widerstandsformen. Ab Mitte der 1980er Jahre verbreiteten sie sich zunehmend, und in den 1990er Jahren existierten ungefähr 1 500 Banden mit durchschnittlich 30 Mitgliedern.

Während sich die Banden der 1980er Jahre auf solide territoriale Bezugspunkte beriefen, begannen die der 1990er sich mehr durch ihre Kleidung und Mottos wie „violence, drugs and Rock and Roll" zu definieren. Schon an den Namen ließ sich erkennen, dass die Mitglieder der meisten Gangs sozial ausgegrenzte Jugendliche waren: *Verdugos* („Henker"), *Mocos* („Rotz"), *Virginidad Sacudida* („erschütterte Jungfräulichkeit") oder *Mugrosos* („Dreckhaufen"). In diesen Jahren strahlte das Radio zum ersten Mal Sendungen aus, in denen Jugendliche die Gelegenheit bekamen, über ihre Wahrnehmung der Wirklichkeit zu sprechen.

Heutzutage schlägt die Musik, vor allem der Hip-Hop, Brücken zwischen den Jugendlichen der Stadt, aber auch zu denjenigen, die in die USA emigriert sind. Dazu haben viele ihre Form der Artikulation in der Straßenkunst gefunden, in Graffiti und Stencil. Außerdem bildeten sich Gruppen, die sich zwar auf der Straße treffen, sich aber mehr durch eine Haltung definieren als durch kollektive Überlebens- oder künstlerische Ausdrucksformen. Sie sind als *tribus urbanas* bekannt und gehören zum größten Teil der Mittelklasse an, wie zum Beispiele die Emos, die sich selbst *Galletas* („Kekse"), *Juguitos* („Säftchen") und *Gomitas* („Fruchtgummis") nennen. Diese Jugendlichen, die sich melancholisch und androgyn geben, werden häufig von anderen Gruppen angefeindet; sie haben es schwer in einer machistischen und konservativen Gesellschaft, die noch immer nicht verinnerlicht hat, dass sie zum Großteil aus Jugendlichen besteht.

←

Ernesto Lehn.
(Photo / Foto).

←

Federico Gama.
(Photo / Foto).

•

Carol Elías, Leonardo Heiblum
(Compilation / Mezcla / Schnitt).

Rap, hip-hop, goth, heavy metal, electronic, post-punk, aggressive-melodic, household appliance pop, pre-Hispanic death metal, and scream are the voices of the youth who sing, reclaim, and address the city.

Rap, hip-hop, gothic, heavy metal, electrónico, post-punk, melódico agresivo, pop electrodoméstico, death metal prehispánico y screamo son la voz de los jóvenes que cantan, reclaman e interpelan a la ciudad.

Rap, Hip-Hop, Gothic, Heavy Metal, Elektro, Post-Punk, aggressive Melodik, elektronischer Haushaltsgeräte-Pop, prähispanischer Death-metal und Screamo sind die Stimmen, mit denen sich die Jugend singend in der Stadt Gehör verschafft.

LA IDEAL

Santa Muerte

Clandestine for over fifty years, the worship of Death today extends to the entire city. From the center to the periphery, street altars, tattoos, and posters proliferate, and on the first day of each month 5,000 people congregate in the streets of one of the working-class neighborhoods that surround the center to pray the rosary to Death.

Linked with illicit activities and violence as a result of having so many followers in the prisons, the origins of this cult are still disputed. Some claim that it is an inheritance of pre-Hispanic times while others relate it to the Afro-Caribbean Santería religion, for it was in Mexico City's witchcraft market where the first images began to appear in the 1950s.

In any case, both the rituals and the prayers seem to be a reflection of the social discontent dominating a broad section of society, not only criminals. The devotees, skeptical of the economic and judicial systems, turn to the altars of Saint Death not only to pray for fair trials for those who languish in prison, or for protection for those in risky jobs, such as prostitutes, but also to ask for work and for the strength needed to carry on in adverse circumstances. In this sense, there are those who suggest that Saint Death represents the death of the state, since she is linked to the roles that the state has ceased to fulfill, such as the delivery of justice and social welfare.

On the other hand, in opposition to the attitude of resignation advanced by Catholicism, the worshipping of Saint Death has become a form of protest. While not rejecting Catholic tradition, it has aggravated the crisis in credibility of the Mexican Catholic Church in the wake of numerous corruption and paedophilia scandals. Moreover, the devotion to Saint Death, characterized by tolerance, expresses a key element of contemporary urban identity. The Traditional Catholic Church MEX-USA, one of the promoters of this cult, is a good example since its very name encompasses the fact of the increasing migration to the United States.

This cult also finds itself in confrontation with local authorities, who in 2005 started a campaign to dismantle all the street altars, arguing that they are an invasion of public space. Today, there are more than 900 altars in the city's streets as well as a 22-meter high Saint Death which, like the Corcovado Christ of Rio de Janeiro, reigns not only over the north of the Metropolitan Area, but also over a form of social expression which has emerged in the public space and needs it to articulate itself.

←

Citámbulos, 2008.
(Photo / Foto).

Madre Mia Por Tus
Maria

Von Dutch

Santa Muerte

Sumergida en la clandestinidad durante más de cincuenta años, la devoción por la Muerte se extiende hoy por toda la ciudad. Desde el centro hasta la periferia, los altares callejeros, los tatuajes y los pósters se multiplican, y el primer día de cada mes más de cinco mil personas se congregan en las calles de uno de los barrios populares que rodean al centro para rezarle un rosario a la Muerte.

Asociado a la ilegalidad y la violencia por contar con muchos devotos en las cárceles, los orígenes de este culto siguen en discusión: hay quienes afirman que se trata de una herencia prehispánica, mientras que otros lo vinculan con la santería afrocaribeña, pues fue en el mercado de brujería de la Ciudad de México en donde comenzaron a circular las primeras imágenes en los años cincuenta.

Como sea, lo cierto es que tanto los ritos como las oraciones parecen ser un reflejo del malestar social que impera en un amplio sector de la población y que va más allá de los delincuentes. Escépticos frente al sistema jurídico y económico, los devotos no sólo acuden a los altares para pedirle a la Santa Muerte juicios justos para los presos o protección para quienes desempeñan trabajos peligrosos, como las prostitutas, sino también para que les dé empleo y fuerzas para continuar en medio de la adversidad. En ese sentido, hay quienes afirman que la Santa Muerte representa la muerte del Estado, pues a ella están asociadas las funciones que el Estado ha dejado de asumir, como la impartición de justicia y la seguridad social.

Por otro lado, contrapuesto a la resignación promovida por el catolicismo pero sin dejar de asumirse como parte de la tradición católica, este culto se ha transformado en una forma de protesta que ha agudizado la crisis de credibilidad de la Iglesia Católica mexicana tras los diversos escándalos de corrupción y pederastia. Además, el culto a la Santa Muerte, caracterizado por la tolerancia, plasma una parte esencial de la identidad urbana contemporánea. La Iglesia Católica Tradicional MEX-USA, una de las promotoras de este culto, es un buen ejemplo de ello pues incorpora desde su nombre la realidad de la creciente migración a Estados Unidos.

Confrontado también con las autoridades locales, que en el 2005 iniciaron una campaña para desmantelar los altares callejeros con el argumento de que se trataba de invasión del espacio público, este culto cuenta hoy con más de 900 altares en las calles y una Santa Muerte de 22 metros que, cual Cristo del Corcovado, reina no sólo sobre el norte de la zona metropolitana, sino también sobre una forma de articulación social que ha surgido en el espacio público y que lo necesita para estructurarse.

←

Vlady Díaz,
Citámbulos, 2008.
(Video). C6

In 2001, Enriqueta Romero (Doña Queta) established the first street altar to Saint Death and started to raise important social demands. Every month since then, Doña Queta has organized a mass rosary with over 5 000 participants.

En 2001, Enriqueta Romero (Doña Queta) colocó el primer altar callejero a la Santa Muerte y comenzó a articular importantes demandas sociales. Desde entonces, cada mes doña Queta organiza un rosario en el que participan más de 5 000 personas.

2001 errichtete Enriqueta Romero (Doña Queta) den ersten Straßenaltar der Santa Muerte und begann wichtige soziale Forderungen zu artikulieren. Seitdem organisiert Doña Queta jeden Monat einen Rosenkranz, an dem mehr als 5 000 Menschen teilnehmen.

Danke, Flaquita, dass du dafür gesorgt hast, dass ALEJANDRA mich wieder liebt und mir eine zweite Chance gibt
und wenn sie es dann
nicht mal besuchen können,
SAMSUNG
TEQUILA
San Matias
BLANCO

Santa Muerte

Nach über 50 Jahren in der Illegalität ist der Kult der Santa Muerte, die Anbetung der Heiligen Frau des Todes, heute in ganz Mexiko-Stadt anzutreffen. Vom Zentrum bis in die Peripherie finden sich immer mehr Straßenaltäre, Tatoos und Poster mit der Abbildung der Heiligen Toten. Am Ersten jeden Monats versammeln sich über 5 000 Menschen auf den Straßen eines der traditionellen *Barrios* in Zentrumsnähe und beten für sie einen Rosenkranz.

Da dieser Kult besonders in den Gefängnissen viele Anhänger hat, wird er oft mit Illegalität und Gewalt in Verbindung gebracht. Über seine Ursprünge wird noch immer diskutiert: Es wird behauptet, der Kult sei ein Erbe aus präkolonialer Zeit, oder aber er wird mit der afrokaribischen Kultreligion Santería in Zusammenhang gebracht, kamen doch in den 1950er Jahren die ersten Bilder auf dem städtischen Markt für Hexerei in Umlauf.

Wie dem auch sei, Tatsache ist, dass sowohl die Riten als auch die Gebete ein Ausdruck der sozialen Missstände sind, die große Teile der Gesellschaft betreffen, und dass die Schar der Anhänger weit über die Gruppe der Straftäter hinausgeht. Die Gläubigen stehen dem Wirtschafts- und Justizsystem skeptisch gegenüber und suchen die Altäre nicht nur auf, um von der Santa Muerte gerechte Urteile für Häftlinge oder Schutz beim Ausüben gefährlicher Tätigkeiten, wie zum Beispiel der Prostitution, zu erbitten; sie erbitten auch Arbeit und Kraft, um trotz aller Anfeindungen weitermachen zu können. Es gibt daher die Auffassung, dass die Heilige Frau des Todes den Tod des Staates versinnbildlicht, da sie für Belange aufgesucht wird, die der Staat eklatant vernachlässigt, wie etwa Bereiche der Rechtssprechung und des Sozialsystems.

Im Gegensatz zu der von der katholischen Kirche verbreiteten Resignation hat sich der Kult der Santa Muerte zu einer lebendigen Form des Protestes entwickelt. Auch wenn der Kult sich nach wie vor als Teil der katholischen Tradition begreift, hat er die Glaubwürdigkeitskrise der mexikanischen Staatskirche nach verschiedenen Korruptions- und Päderastieskandalen noch weiter vertieft. Der Kult, der sich unter anderem durch Toleranz auszeichnet, spiegelt zudem einen grundlegenden Teil der zeitgenössischen städtischen Identität wider. Die „Heilige Traditionelle Kirche MEX-USA", eines der spirituellen Zentren des Kults, wird alleine schon mit ihrem Namen der zunehmenden Migration in die USA gerecht.

Trotz behördlicher Kampagnen gegen die Straßenaltäre der Heiligen Frau des Todes existieren heute auf den Straßen der Stadt über 900 Altäre und eine 22 Meter hohe Statue der Santa Muerte — dem Christo von Rio de Janeiro nacheifernd — die weithin sichtbar über den Norden des Stadtgebietes wacht und für eine spezifische Form von gesellschaftlicher Artikulation steht, die sich im öffentlichen Raum organisiert.

←

Citámbulos, 2008.
(Altar and votive offerings / Altar y Exvotos / Altar und Votivbilder).

In Catholic tradition, votive offerings often take the form of tiny paintings on metal, which give thanks to a saint for granting a miracle; in the heterodox cult of Saint Death they take the form of tattoos.

En la tradición católica los exvotos son pequeñas pinturas con las que se agradece a los santos algún milagro concedido; en el heterodoxo culto a la Santa Muerte la mayoría de éstos son tatuajes.

In der katholischen Tradition sind die Votivbilder kleine Malereien, die den Heiligen zum Dank für Wunder dargebracht werden. In dem heterodoxen Kult der Santa Muerte sind sie meistens Tätowierungen.

Valeria

The First

Alloys

Migration between Mexico and the United States has undergone radical change in the last decade. It is now the great metropolitan areas, rather than rural ones, which send migrants to the north. This is the case of Mexico City, which has moved from being a point of attraction to one of expulsion. While in the 1950s the city received great waves of internal migrants in search of work, today it is the city population which heads for the northern border seeking better opportunities. Annually some 150,000 migrants leave the Federal District for the US, most of them young single people who want independence, or to help their families.

Remittances from these migrants' work represents an important source of income for those who live in the periphery of the city. But their contribution is not merely financial: they also introduce new ideas, especially when they stay in regular contact. With so many of them involved in the building industry as construction workers, migrants send their families plans, sketches, and photographs of their dream houses for them to return to, to be built with their remittances – though this return will often never occur. So long-distance phone calls are spent discussing building materials and commenting on photographs that go back and forth regardless of borders, while the landscape of Mexico City — together with many other regions of the country — undergoes transformation.

However, migration has not only introduced American cultural patterns, but Mexican-American ones too. The *Cholos* — the children of Mexicans born in the US — have created an identity neither American nor Mexican, but rather a mix of both, which has returned from east Los Angeles and New York to the outskirts of Mexico City.

In admiration of the family members who have left, young people still here speak *Spanglish*, wear the same baggy trousers as their cousins or uncles, wear hairnets in homage to the millions working in American restaurants, listen to rap and hip-hop, and adopt the names of gangs from Los Angeles or New York for their own. The nickname 'Nezayork' for Nezahualcóyotl — a sprawling zone to the east of Mexico City — reveals an increasingly powerful transculturation.

←

Federico Gama.
(Photos / Fotos).

The Cholos, the children of Mexicans born in the United States, have constructed a cultural identity which is neither US-American nor Mexican but rather a mixture of both, and which has a strong presence in the outskirts of Mexico City.

Los cholos, hijos de mexicanos nacidos en Estados Unidos, han construido una identidad cultural que no es estadounidense ni mexicana, sino una mezcla de ambas y que tiene presencia en la periferia de la Ciudad de México.

Die Cholos, in den USA geborene Kinder mexikanischer Eltern, haben eine kulturelle Identität ausgebildet, die weder US-amerikanisch noch mexikanisch ist, sondern eine Mischung aus beiden, und die in der Peripherie von Mexiko-Stadt starke Präsenz zeigt.

Dream House

LILIA.

My husband is in Florida, in Clearwater. He's with his two brothers and his dad. In the morning he works in maintenance and in the evening in a restaurant.

He brought some plans from over there to build a house. Since we saw it we liked it and we said that this is the one we want. But it was almost all wood, so we had to use other materials.

His dream is to finish the house, come back to be with his family, and carry on our taco business.

Mi esposo está en la Florida, en Clearwater. Está con sus dos hermanos y su papá. En la mañana trabaja en mantenimiento y en la tarde en un restaurante.

De allá trajo unos planos para poder hacer la casa. Desde que la vimos es la que nos llamó la atención y dijimos ésta es la que queremos. Pero era prácticamente de madera, así que nosotros le metimos otros materiales.

Su sueño es terminar su casa, regresarse a estar con su familia y seguir en nuestro negocio de los tacos.

Mein Mann ist in Florida, in Clearwater. Er ist mit seinen beiden Brüdern und seinem Vater dort. Morgens arbeitet er bei einem Wartungsdienst und nachmittags in einem Restaurant.

Von dort hat er ein paar Pläne mitgebracht, damit wir das Haus bauen können. Seit wir es zum ersten Mal gesehen haben, waren wir begeistert und haben gesagt, das ist das Haus, das wir wollen. Aber es bestand aus Holz, deshalb haben wir andere Materialien hinzugefügt.

Er träumt davon, nach Hause zurückzukommen, wieder bei seiner Familie zu sein und unser Taco-Geschäft weiterzuführen.

Aleaciones

La migración entre México y los Estados Unidos ha cambiado radicalmente en la última década. Actualmente son las grandes zonas metropolitanas y no las zonas rurales las que envían más migrantes hacia el norte. Tal es el caso de la Ciudad de México, que ha dejado de ser el principal polo de atracción para convertirse en uno de los puntos de expulsión. Si en los años cincuenta la capital recibía las corrientes más numerosas de migrantes nacionales en busca de trabajo, hoy son sus habitantes los que se marchan rumbo a la frontera norte en busca de mejores oportunidades. El Distrito Federal envía anualmente cerca de 150 mil migrantes a los Estados Unidos, en su mayoría jóvenes solteros que desean independizarse o ayudar a sus familias.

Los ingresos procedentes del trabajo de los migrantes constituyen una importante fuente de recursos para quienes habitan la periferia de la ciudad. Sin embargo, su contribución no se reduce al ámbito económico; también introducen nuevos imaginarios, sobre todo cuando mantienen contacto regular con sus familiares. Dedicados muchos de ellos a la industria de la construcción en los Estados Unidos, en particular a la albañilería, quienes migran mandan a sus familiares en México planos, croquis y fotos de la casa de sus sueños para que con las remesas se construya el hogar que los recibirá, aunque muchas veces su regreso no suceda. Así, las llamadas de larga distancia transcurren entre materiales de construcción y comentarios sobre fotografías que van y vienen sin fronteras que las detengan, mientras el paisaje de la Ciudad de México, como el de muchas otras regiones del país, se transforma.

Sin embargo, la migración no sólo ha introducido patrones culturales norteamericanos, sino también mexicano-americanos. Los cholos, hijos de mexicanos nacidos en Estados Unidos, han construido una identidad que no es ni norteamericana ni mexicana, sino una mezcla de ambas y que ha llegado desde Nueva York y el este de Los Ángeles hasta la periferia de la Ciudad de México.

Con profunda admiración por los familiares que han migrado, los jóvenes que todavía no lo hacen hablan *spanglish* (una mezcla de español e inglés), se visten con los mismos pantalones holgados que sus primos o tíos, se colocan redes en la cabeza como homenaje a los que trabajan en las cocinas de los restaurantes americanos, cantan rap y hip-hop y retoman los nombres de las bandas en aquellas metrópolis para denominar las propias. El título de "Nezayork" con el que se conoce a Nezahualcóyotl, una zona marginal al oriente de la Ciudad de México, da cuenta de las transculturalización entre los dos países.

←

Taro Zorrilla.
Dream House.
(Photos and interviews / Fotos y entrevistas / Fotos und Interviews).

Many Mexican migrants to the US send their families plans and photographs of typical American houses, together with the money to build them, even though they have to use other materials.

Muchos de los migrantes mexicanos en Estados Unidos envían a sus familiares planos y fotos de casas típicamente norteamericanas, así como dinero para construirlas, aunque sea con otros materiales.

Viele mexikanische Migranten in den USA schicken ihren Familien Pläne und Fotos von typisch nordamerikanischen Häusern, um diese mit dem ebenfalls zugesandten Geld zu bauen, auch wenn gegebenenfalls andere Baustoffe verwendet werden müssen.

Die Stadt ist mehr als nur Mauern,
sie ist Tanzsaal, Restaurant, Markt und
Fußballplatz
Stadtluft

Legierung

Die Migration zwischen Mexiko und den USA hat sich in den letzten zehn Jahren radikal verändert. Gegenwärtig kommen die meisten Migranten nicht mehr aus ländlichen Gegenden, sondern aus den großen Stadtgebieten. In der Folge hat sich Mexiko-Stadt vom Hauptanziehungspunkt für Zuwanderung in einen Ausgangspunkt für Abwanderung verwandelt. Während in den 1950er Jahren die größten nationalen Migrationsströme auf der Suche nach Arbeit in die Hauptstadt kamen, ziehen heutzutage die Stadtbewohner auf der Suche nach besseren Gehältern über die Grenze im Norden. Derzeit migrieren jährlich etwa 150 000 Menschen aus dem Bundesbezirk in die USA, wobei es sich in erster Linie um junge Alleinstehende handelt, die unabhängig werden oder ihre Familien finanziell unterstützen wollen.

Für die Bewohner der Peripherie von Mexiko-Stadt sind die Einnahmen der Migranten eine wichtige Geldquelle. Diejenigen Migranten, die regelmäßigen Kontakt zu ihren Familienangehörigen unterhalten, leisten aber nicht nur einen finanziellen Beitrag, sondern geben auch ganz andere Anstöße: Viele arbeiten in den USA als Maurer und senden ihren Familien in Mexiko Entwürfe, Skizzen und Fotos von ihrem US-amerikanisch geprägten Traumhaus. Mit dem Geld, das sie nach Hause schicken, soll das Haus gebaut werden, in das sie zurückkommen können — selbst wenn sie in vielen Fällen gar nicht zurückkommen. So wird in den Telefongesprächen viel über Baumaterialien gesprochen und über die Fotos, deren visionäres Potenzial daraufhin die Landschaft von Mexiko-Stadt und vieler anderer Gegenden des Landes stark verändert.

Durch die Migration werden aber nicht nur US-amerikanische Verhaltensmuster nach Mexiko eingeführt, sondern auch mexikanisch-amerikanische. Die *cholos* — in den USA geborene Kinder von Mexikanern — haben eine Identität ausgebildet, die weder US-amerikanisch noch mexikanisch, sondern eine Mischung aus beiden ist. Aus Los Angeles und New York ist diese bis in die Peripherie von Mexiko-Stadt zurückgekommen.

Die Jugendlichen dort hegen eine tiefe Bewunderung für ihre ausgewanderten Familienangehörigen. Ohne selbst bislang „nach Norden" aufgebrochen zu sein, drücken sie diese Bewunderung durch ihren Sprachgebrauch, das *Spanglish* (eine Mischung aus Spanisch und Englisch) aus, sie tragen dieselben weiten Hosen wie ihre Onkel oder Cousins und verwenden Haarnetze zu Ehren derer, die in amerikanischen Restaurants arbeiten. Sie singen Rap und Hip-Hop, und geben ihren Banden die Namen der Gangs aus Los Angeles und New York. Nezahualcóyotl, im Osten von Mexiko-Stadt, wird von ihnen als „Nezayork" bezeichnet, was die kulturelle Verflechtung beider Länder zum Ausdruck bringt.

←

Taro Zorrilla.
Dream House.
(Model, photos / Maqueta, fotos / Modell, Fotos).

Mind the Gap

Mexico City is notorious not only for its overpopulation, but also for its internal fragmentation. At a metropolitan level, the city is divided between the northeast, where the poorest neighborhoods and industrial areas are concentrated, and the southwest, where the majority of the middle — and upper — class residential areas are to be found. Zooming in, however, the distribution is more heterogeneous. There are numerous residential enclaves that are not connected to each other in spite of their proximity. This is the result of both geographical conditions and a lack of urban planning, as well as high levels of social segregation. ➔ The relationship between the citizens and their urban surroundings is highly defensive, as a result of both a real increase in criminality and a generalized state of paranoia. The great number of closed-off streets and gated communities reveal a distancing from public life and a withdrawal to the private sphere. ➔ In the face of this tendency toward physical and social isolation, the parks, neighborhood centers, and residual areas where people defend the public dimension of urban space can only grow in importance.

Brechas → La Ciudad de México se caracteriza no sólo por la aglomeración poblacional, sino también por su fragmentación interna. A nivel metropolitano, la ciudad está dividida en el noreste, donde se concentran las colonias más pobres y las áreas industriales, y el suroeste, donde se ubica el mayor número de zonas residenciales de las clases media y alta. En una escala menor, sin embargo, el panorama es más heterogéneo: existen múltiples enclaves habitacionales que, a pesar de su proximidad, carecen de comunicación entre sí. Esto se debe tanto a las condiciones geográficas y a la falta de planeación como a la alta segregación social. → Los habitantes de la ciudad tienen una actitud defensiva con su entorno urbano, originada por un incremento real de la criminalidad pero también por un estado generalizado de paranoia. La gran cantidad de calles cerradas y *gated communities* existentes hacen visible el distanciamiento de la vida pública y el repliegue a la esfera privada. → Ante esta tendencia hacia el aislamiento socioespacial es importante promover la existencia y el mantenimiento de las plazas, los centros de los barrios y los espacios residuales en los que la población pueda ejercer el carácter público del espacio urbano.

Zwinger → Mexiko-Stadt ist durch seine räumliche Ballung von Einwohnern, aber auch durch seine innere Zersplitterung gekennzeichnet. Betrachtet man den Großraum als Ganzes, so ist die Stadt in zwei sozial sehr unterschiedlich geprägte Zonen unterteilt: den durch Armenviertel und Industriegebiete geprägten Norden und Osten und den die meisten Wohnviertel der Mittel- und Oberschicht beherbergenden Süden und Westen. Schaut man sich die einzelnen Regionen jedoch genauer an, ist die Unterteilung sehr viel heterogener: Es gibt zahlreiche enklavenartige Wohngebiete, die, obwohl sie räumlich unmittelbar nebeneinander existieren, untereinander keinen Kontakt pflegen. Das liegt einerseits an den spezifischen Gegebenheiten der steilen Seitentäler des Tals von Mexiko und an einer mangelhaften Stadtplanung, andererseits aber auch an der starken sozialen Abgrenzung unterschiedlicher Gesellschaftsschichten. → Die Bewohner Mexiko-Stadts stehen in einem sehr defensiven Verhältnis zu ihrer städtischen Umwelt, was sowohl auf die tatsächliche Existenz einer hohen Kriminalitätsrate als auch auf die subjektive Paranoia vor Gewalt und Verbrechen zurückzuführen ist. Die große Anzahl der *calles cerradas* („gesperrte Straßen") und *gated communities* lässt erkennen, wie sehr sich die Menschen vom öffentlichen Leben distanzieren und sich zunehmend in ihre Privatsphäre zurückziehen → Angesichts der sozial-räumlichen Isolation wächst die Bedeutung der Plätze, lokalen Hauptstraßen und neuen Resträume, in denen die Stadtbewohner den öffentlichen Charakter des Stadtraums behaupten.

POLICIA
METROPOLITANA
GRANADEROS
ORIENTE
POLICIA
METROPOLITANA
GRANADEROS
PONIENTE

639

Bulletproof

In the last two decades, the lack of security has become a central preoccupation in Latin American cities, due to a vertiginous increase in crime and violence. This has been the case in Mexico City since at least 1995, due to the economic crisis, when many people lost large amounts of property and the crime rate went up exponentially. Although delinquency came down again in the following years, it has remained at a high level ever since, with robbery of pedestrians being the most frequent offense.

The high population density — an average of 6 000 people per square kilometer —, the poor conditions in which more than half of the population lives, growing unemployment and the socioeconomic chasm that divides the city, are the ideal breeding grounds for an unsafe environment. Added to this are serious deficiencies in the public safety and justice systems — lack of effective crime prevention, prosecution, and efficient sentencing of criminals — to the extent that 90% of crimes are never solved. This is partly due to the fact that in Mexico police training only lasts six months, while in other parts of the world, including Europe, police undergo a two-year training period. Moreover, the Mexican policeman has to work in precarious conditions: inadequate equipment, a deficient insurance system, and salaries so low that corruption is inevitably attractive.

Citizens' lack of trust in public institutions is reflected in the fact that only 10% of crimes are reported. The government, in turn, has chosen to involve the armed forces in order to improve public safety, rather than undertake radical institutional changes.

With a state unable to protect its population, security has become big business. Frightened citizens are consumers of the security industry, although this may not wholly guarantee their peace of mind. On average, the inhabitants of the city invest 1000 dollar per year in private security. Safety has become the privilege of those who can afford it, dividing the city, albeit only apparently, into safe and unsafe areas. The fact that 75% of the 2 000 private security companies in Mexico City operate outside state control leads to abuse, and indeed is a catalyst for a deteriorating security situation.

←

Jeremy Clouser.
(Photo / Foto).

Buying a Hummer

Juan and I are on a mission: ➜ We want to work out why so many Hummers are sold in Mexico City, these massive cars that look like fortresses on wheels. ➜ It is supposed, that of all cars, the Hummer, in particular the armoured version, is the safest. What's more, it's also "very imposing". "The H2 is unbeatable!" ➜ What level of security are we looking for? The level 2 is for basic protection. However "for this city" we are recommended the level 3. Armouring of this kind will protect against commercial low-calibre weaponry, like a Magnum 44. The saleswoman generally recommends Security Level 4 Plus. With this one, your safety is assured, since this level will resist the impact of an AK47 or the explosion of up to four hand grenades. ➜ Undoubtedly, this gives us peace of mind… ➜ There is also various extras to the car, such as a tear gas system which sprays gas around the car to neutralize attackers. Then there are the stroboscopic lights and sirens to clear a path out of any situation… ➜ We all agree it has been our great good fortune to have found our way here to the car dealership… ➜ Once we've left the place, Juan stays thinking for a while: If some day he gets rich, he says, the car he's going to get is the Hummer H2, a bright orange one…

Juan y yo tenemos una misión: ➜ Queremos saber por qué en la Ciudad de México se venden tantos Hummers, esos coches grandotes que parecen fortalezas rodantes. ➜ Se supone que entre todos los coches, el Hummer, especialmente en su versión blindada, sea el más seguro. Además de ser un coche "muy imponente": "¡El H2 no tiene rival!" ➜ ¿Qué nivel de seguridad buscamos? El nivel 2 es para una protección mínima, pero para "esta ciudad" nos recomienda el Nivel 3. Un blindaje de este tipo protege contra armamento comercial de bajo calibre como las Magnum 44. La vendedora generalmente recomienda el Nivel de Seguridad 4 Plus. Con éste uno siempre está seguro, ya que este nivel resiste el impacto de una AK 47 y la detonación de hasta cuatro granadas de mano. ➜ Eso, sin duda, tranquiliza… ➜ Además se pueden añadir diversos "extras" como el sistema de gas lacrimógeno, que emite gas alrededor del vehículo para que los atacantes sean neutralizados. También hay luces estroboscópicas y sirenas para abrirse paso en cualquier situación… ➜ Todos estamos de acuerdo en que ha sido una gran fortuna haber encontrado nuestro camino a la agencia... ➜ Cuando salimos, Juan se queda pensando: si algún día se vuelve rico, el coche que le gustaría tener es un Hummer H2, anaranjado, chillante...

Juan und ich haben heute eine Mission: ➜ Wir wollen herausfinden, warum sich die Hummer in Mexiko-Stadt so gut verkaufen. Hummer, das sind diese großen, klobigen Wagen, die aussehen wie fahrende Festungen. ➜ Vor allem in der gepanzerten Ausführung sei der Hummer das sichereste Auto überhaupt und noch dazu „ehrfurchtsgebietend": „Der H2 hat keinen Rivalen". ➜ Was für eine Sicherheitsstufe wir denn suchen würden? Stufe 2 sei der Mindestschutz jedoch „für diese Stadt" sei die Stufe 3 zu empfehlen, die Panzerung widerstehe dem Beschuss kommerzieller Kleinwaffen, wie zum Beispiel einer Magnum 44. Die Verkäuferin aber würde generell die Sicherheitsstufe 4 Plus empfehlen, da wäre man immer auf der sicheren Seite, denn die halte einer AK 47 und auch der Erschütterung von bis zu vier Handgranaten stand. ➜ Das ist beruhigend… ➜ Man könnte den Wagen auch noch mit diversen „Extras" ausstatten: mit einem „Tränengassystem", das rund ums Auto Gas versprüht, um Angreifer unschädlich zu machen, oder aber Stroboscheinwerfer und Sirenen, um sich in einer Gefahrensituation den Weg freizukämpfen… ➜ Man wäre äußerst erfreut, dass wir unseren Weg zu ihnen gefunden hätten, und das finden wir auch! ➜ Juan sinniert beim Verlassen des Ladens: wenn er einmal reich sein sollte, dann wäre der Hummer H2 genau sein Ding, in knallorange…

Antibalas

Desde hace dos décadas, la inseguridad se ha convertido en una preocupación central en las urbes de América Latina debido a un vertiginoso aumento del crimen y la violencia derivado de las crisis económicas. En el caso de México, la última y más grave crisis se registró en 1995, provocando el empobrecimiento notable de un porcentaje importante de la población y el aumento exponencial de la tasa de criminalidad, tasa que aunque ha descendido mantiene niveles muy altos. El delito más común es el robo a transeúntes.

La alta densidad demográfica, la pobreza en que vive más de la mitad de la población, el creciente desempleo y la brecha socioeconómica que divide la ciudad son el caldo de cultivo idóneo para un ambiente de inseguridad. A esto se suman las graves deficiencias del sistema de seguridad pública y de impartición de justicia, por lo que no existe una prevención eficaz de los delitos ni una persecución y condena eficiente de los delincuentes: el 90% de los delitos nunca es resuelto. Debido, en parte, a que en México la instrucción del cuerpo de policía sólo dura seis meses mientras que en otras partes del mundo, como en Europa, los policías tienen un entrenamiento de dos años. A esto se le suma que el policía mexicano tiene que trabajar en condiciones sumamente precarias: equipos insuficientes, un sistema deficiente de seguros y sueldos tan bajos que fomentan la corrupción.

La falta de confianza de los ciudadanos en las instituciones se traduce en que sólo 10% de los delitos se denuncia. Por su parte, el gobierno, en vez de hacer una reforma profunda de sus instituciones, ha optado por la incorporación de cuerpos armados a las tareas de seguridad pública.

Con un Estado incapaz de proteger a la población, la seguridad se ha convertido en un gran negocio: ciudadanos asustados consumen seguridad, aunque esto no pueda garantizar del todo su tranquilidad. En promedio, los habitantes de la ciudad invierten 10 000 pesos anuales en su seguridad privada. De esta manera, la seguridad se convierte en un privilegio de los que la pueden comprar, dividiendo la ciudad, aunque sea ilusoriamente, en zonas seguras e inseguras. El hecho de que 75% de las 2 000 empresas de seguridad privada de la Ciudad de México operen fuera del control estatal lleva, paradójicamente, a que se cometan todo tipo de abusos y a que la seguridad empeore.

←

Claudia Wondratschke, 2008.
(Text / Texto).

↓

Citámbulos.
Priceless, 2008.
(Illustration / Gráfica / Grafik).

Brechas

PEMEX
PEMEX
LISTO!
PEMEX
PEMEX
score 0
taxis
level

Kugelsicher

Da Kriminalität und Gewalt in den Metropolen Lateinamerikas in den letzten Jahrzehnten beträchtlich zugenommen haben, ist das Thema Sicherheit zu einer der zentralen städtischen Fragen geworden. In Mexiko-Stadt ist dies seit spätestens 1995 der Fall: Aufgrund der damaligen schweren Wirtschaftskrise verloren weite Teile der Bevölkerung einen Großteil ihres Vermögens, was noch im selben Jahr zu einem eklatanten Anstieg der Kriminalitätsrate führte. Seitdem nahm die Kriminalität zwar zeitweise wieder etwas ab, befindet sich aber noch immer auf einem hohen Niveau. An erster Stelle stehen hierbei Raubüberfälle auf Passanten.

Die hohe Bevölkerungsdichte, die Armut, von der über die Hälfte der Bevölkerung der Metropolregion betroffen ist, die steigende Arbeitslosigkeit und die sozioökonomische Kluft unter den Bewohnern bilden den idealen Nährboden für ein Klima der Unsicherheit. Hinzu kommen schwerwiegende Mängel im Polizei- und Justizsystem, die dazu führen, dass Straftaten weder effizient vorgebeugt noch Straftäter effektiv verfolgt und angemessen bestraft werden. 90 Prozent aller angezeigten Straftaten bleiben unaufgeklärt. Das liegt zum einen daran, dass mexikanische Polizisten nicht ausreichend ausgebildet werden und zum anderen an dem Umstand, dass sie unter äußerst prekären Bedingungen arbeiten müssen. Sie werden ungenügend ausgerüstet, sind mangelhaft sozial abgesichert und werden schlecht bezahlt, was zur Folge hat, dass die Korruptionsanfälligkeit sehr hoch ist.

Das fehlende Vertrauen der Bürger in die Institutionen zeigt sich darin, dass Straftaten nur selten angezeigt werden: lediglich zehn Prozent aller Verbrechen werden der Polizei gemeldet. Statt aber mittels einer tief greifenden Polizei- und Justizreform das Vertrauen der Bürger wiederzuerlangen, ist in den letzten Jahren für die Aufrechterhaltung der öffentlichen Sicherheit der verstärkte Einsatz bewaffneter Sicherheitskräfte zu verzeichnen.

In einem Staat, der unfähig ist, seine Bürger angemessen zu schützen, wird die Sicherheit der Bevölkerung zu einem lukrativen Geschäft. Verängstigte Bürger erkaufen sich ihre Sicherheit, auch wenn diese dadurch nicht garantiert werden kann. Im Durchschnitt geben die Bewohner von Mexiko-Stadt jährlich 650 Euro für ihre private Sicherheit aus. Sicherheit wird auf diese Weise zu einem Privileg derjenigen, die sie sich leisten können. Dies hat zur Folge, dass die Stadt — wenn auch lediglich in der subjektiven Wahrnehmung — in sichere und unsichere Gegenden unterteilt wird. Da allerdings 75 Prozent der ca. 2 000 privaten Sicherheitsdienste in Mexiko-Stadt außerhalb der staatlichen Kontrolle operieren, existieren viele Formen des Missbrauchs, wodurch die Sicherheitssituation nicht verbessert, sondern unterwandert wird.

←

Héctor Zubieta, Citámbulos, Ricardo Rico.
Caza-Hummers, 2008.
(Video game / Videojuego / Videospiel). D1

Video game based on Pac-Man which pits the two cars that embody socioeconomic divisions in Mexico City against each other in a fight to the death: the VW Beetle Taxi and the Hummer.

Videojuego inspirado en pac-man, en el que se persiguen a muerte dos coches emblemáticos de la polarización socio-económica de la Ciudad de México: el vocho-taxi y el hummer.

Videospiel vom Typ Pacman, in dem sich gegenseitig zwei Autos verfolgen, welche auf beispielhafte Weise die sozioökonomischen Gegensätze von Mexiko-Stadt darstellen: der Taxi-Käfer und der Hummer.

Telepanic

Security for the people of Mexico City has two aspects: an 'objective' side, defined by violent deeds and officially reported crimes, and a 'subjective' side, sketched out by personal experience and impressions. The latter plays the more important role in the perception of safety in the city.

The Federal District government makes enormous efforts to show that it is permanently on the fight against crime, through increased police presence and advertising campaigns that highlight falling crime rates. However, nine out of ten citizens feel unsafe in the street or traveling on public transport, which is understandable if the inefficiency in crime prevention and the penal process are taken into account: only 15% say they do not fear the Federal Preventative Police.

The media also play a crucial role in creating the subjective dimension of inhabitants' sense of safety. The paranoia and sense of powerlessness in the face of this situation take on alarming forms, such as vigilantism. Since 1987 there have been sixteen cases of lynching in Mexico City. The most recent was in the south of the city on November 24, 2004. In that episode, the inhabitants of the neighborhood burned alive three members of the Federal Police whom they had mistakenly believed were kidnappers.

In 2007, Mexico was in second place in the world index of kidnappings, ahead of Colombia, Brazil and Nigeria. The emergence of so-called 'virtual' kidnapping has further heightened the security crisis in the city.

Extortion by telephone, based on the fake kidnapping of a relative, does not depend on the victim's financial situation. Even though the majority of the population is aware of virtual kidnapping, it is nonetheless effective. Terrified and uncertain, the relatives of the supposed kidnap victim concede to whatever demands are made of them, and there is little that can be done to protect them. The ease with which this type of crime may be carried out has led to perhaps the greatest paradox to challenge the city: that a significant number of the virtual kidnappers are actually prisoners who carry out their 'work' from inside the jails.

When violence has no limits and everyone involved — government, media, citizens and criminals — actively participates in the perpetuation of this crazy spiral of violence, fear in itself becomes a problem, making it impossible for the residents of Mexico City to achieve peaceful coexistence and solidarity.

←

Catalina Holguín.
(Photo / Foto).

A mother with both her daughter and her dog on a lead to take them for a walk in a dangerous park.

Madre con perro, niña y correa para pasearlos en parque peligroso.

Mutter mit angeleinter Tochter und Hund in einem gefährlichen Park.

Here it's like the city in miniature. There's a price for everything: for the roll call, for eating, for sleeping. There are people who become vagrants in prison. I've had to find a way to support myself and my family. They don't bring me money, I give it to them. If you knuckle down and work hard, you're alright. I'm on the move from morning to night because money flows like mad here.

When I got here, they extorted money from me. But I had a friend here, who lucky for me was from the mafia. I couldn't live the way I do if I didn't stick it to the phone, but it's bollocks what they say that you can't get out of the shit you're in…

With a real kidnapping you've no way out. With the phone it's piss-easy. Yeah, sometimes I feel bad because I can tell that the people I'm extorting money from are just as fucked-up as me. Then I leave it and hang up, but sometimes people don't understand and call me back, and that can get me into problems. With this business you live through a lot of stress.

Aquí es como en la ciudad pero en chiquito. Hay que pagar por todo: para pasar lista, para comer, para dormir. Hay gente que se ha hecho indigente en la cárcel. Yo a huevo he tenido que encontrar una salida para sostenerme a mí y a mi familia. Porque ellos [sus familiares] no me traen dinero, sino que yo les doy. Si te aplicas y trabajas, sale.

De la mañana a la noche ando tendido [ocupado], porque aquí corre dinero a madres.

Cuando llegué, me extorsionaron. Pero aquí tenía un amigo que, para mi buena suerte, era de la mafia. Nunca podría vivir igual si no me dedicara a pegarle al fon, pero es una mamada que digan que no puedes zafarte del pedo en el que estés metido.…

Testimonial of a virtual kidnapper from inside prison

En un secuestro real no tienes salida. Con el fon no hay pedo. Aunque a veces sí me da remordimiento porque veo que la gente que estoy extorsionando está igual de jodida que yo. Y entonces he colgado para no seguirle, pero luego la gente no entiende y me vuelve a llamar y casi me mete en broncas. Con este negocio se vive mucha tensión.

Hier ist es wie in der Stadt draußen, nur in klein. Für alles muss man bezahlen: Für das Rumgeben der Anwesenheitsliste, für das Essen, für das Schlafen. Manche Leute sind im Gefängnis arm geworden. Ich musste eine Möglichkeit finden, mich und meine Familie durchzubringen. Denn sie bringen mir kein Geld, sondern ich gebe ihnen welches. Wenn man sich anstrengt und arbeitet, dann kommt man zu etwas. Von morgens bis abends bin ich am schuften, denn hier fließt ein Schweinegeld.

Als ich hierher gekommen bin, bin ich erpresst worden. Aber ich hatte einen Freund, der zu meinem großen Glück zur Mafia gehörte. Ich könnte niemals so leben, wenn ich nicht den Telefonjob machen würde. Es ist Blödsinn zu sagen, dass man aus der Scheiße nicht mehr rauskommt, in der man steckt…

In einer echten Entführung gibt es keinen Ausweg. An der Strippe dagegen ist das kein Ding. Obwohl es mir manchmal schon leid tut, weil ich merke, dass die Leute, die ich erpresse, genauso arme Schweine sind wie ich. Manchmal lege ich dann auf, um nicht weiterzumachen, aber das verstehen die Leute nicht, und dann rufen sie mich wieder an und bringen mich beinahe in Schwierigkeiten. Bei diesem Geschäft steht man unter großem Druck.

Telepánico

La seguridad ciudadana tiene dos caras: una "objetiva", dibujada por los hechos de violencia y crímenes oficialmente registrados, y otra "subjetiva", esculpida por las vivencias y sentimientos personales. Esta última es la más importante en la configuración de la percepción de la seguridad en la Ciudad de México.

El gobierno del Distrito Federal se ha empeñado en mostrar que está luchando permanentemente contra la criminalidad, a través del aumento de la presencia policíaca y de propaganda en la que se enfatiza la supuesta disminución del número de delitos. Sin embargo, nueve de cada diez habitantes se sienten inseguros en la calle y en el transporte público, lo que resulta comprensible si se toma en cuenta la ineficacia de la prevención y del procesamiento penal: sólo 15% de la población no teme a la policía federal preventiva.

Los medios de comunicación también han jugado un papel fundamental en la construcción de la dimensión subjetiva de la seguridad ciudadana. La paranoia y el sentimiento de desamparo ante la situación ha llevado a acciones alarmantes, como la toma de justicia por cuenta propia. Desde 1987 ha habido 16 linchamientos en la Ciudad de México. El más reciente, el del 24 de noviembre de 2004 en Tláhuac, al sur de la ciudad, donde los habitantes de la colonia quemaron vivos a tres elementos de la Policía Federal porque creyeron que se trataba de secuestradores.

En 2007, México ocupó el segundo lugar mundial en secuestros, por encima de Colombia, Brasil y Nigeria, y la aparición del llamado secuestro "virtual" ha agudizado aún más la crisis de seguridad en la ciudad.

La extorsión telefónica, basada en la falsa captura de un familiar, ya no distingue la condición económica de las víctimas. Y si bien una buena parte de la población está al tanto del secuestro virtual, no por ello éste ha dejado de ser una práctica efectiva. Entre la duda y el miedo, los familiares del supuesto secuestrado ceden a todo sin que ningún muro pueda protegerlos. Y es que la facilidad con la que se puede llevar a cabo este delito ha creado una de las paradojas más contundentes que enfrenta esta ciudad: la mayoría de los secuestradores virtuales son presos que realizan su "trabajo" desde las cárceles.

Cuando la violencia no tiene límites y todos los involucrados —gobierno, ciudadanos y delincuentes— participan activamente en la perpetuación de esta enloquecida espiral de violencia, el miedo se convierte en un problema en sí mismo, obstaculizando la convivencia pacífica y la solidaridad ciudadana.

←

Citámbulos, 2008.
(Interview / Entrevista).

Testimonio de un secuestrador virtual desde la cárcel.

Ein Telefon-Entführer berichtet aus dem Gefängnis.

•

Colectivo Santa Lucía, Matías Barberis, Citámbulos, 2008.
(Soundscape / Paisaje sonoro / Klanglandschaft). D2

Recording of a virtual kidnapping.

Grabación de un secuestro virtual.

Aufnahme einer virtuellen Scheinentführung.

Telepanik

Für die Bevölkerung hat Sicherheit zwei Dimensionen: Eine „objektive“, die auf den offiziell registrierten Gewalt- und Verbrechensstatistiken beruht, und eine „subjektive“, die auf der Grundlage persönlicher Erlebnisse und Empfindungen basiert. Für die Sicherheitswahrnehmung in Mexiko-Stadt ist letztere besonders ausschlaggebend.

In der Vergangenheit hat die Stadtregierung alles daran gesetzt, aufzuzeigen, dass die Kriminalität permanent bekämpft wird, unter anderem durch eine erhöhte Polizeipräsenz und durch öffentliche Deklarationen, denen zufolge sich die Straftaten in stetiger Abnahme befinden. Nichtsdestotrotz fühlen sich neun von zehn Stadtbewohnern auf offener Straße und in den öffentlichen Verkehrsmitteln unsicher, was in Anbetracht des extrem ineffizienten Systems der Kriminalitätsprävention und Strafverfolgung nicht verwunderlich erscheint: Nur 15 Prozent haben keine Angst vor der Policía Federal Preventiva, der Bundespolizei.

Aber auch die reißerische Darstellung von Verbrechen, Tätern und Opfern in den Medien beeinflusst nachweisbar das Sicherheitsempfinden der Bürger. Die Paranoia, Opfer eines Verbrechens zu werden, sowie das Gefühl zunehmender Schutzlosigkeit, hat alarmierende Ausmaße angenommen und in extremen Fällen sogar zu Selbstjustiz geführt. Seit 1987 wurden in Mexiko-Stadt 16 derartige Fälle registriert, zuletzt 2004 in Tláhuac, einem südlichen Stadtteil, wo die Bewohner eines Viertels zwei Beamte der Bundespolizei bei lebendigem Leibe verbrannten, in dem Glauben, es handele sich um Entführer.

2007 stand Mexiko bei Entführungen weltweit an zweiter Stelle, noch vor Kolumbien, Brasilien und Nigeria. Zudem hat das Aufkommen „virtueller“ Entführungen die Sicherheitskrise nochmals deutlich verschärft.

Bei dieser Art von Scheinentführung werden die Opfer telefonisch mit der Behauptung erpresst, dass ein Familienmitglied entführt worden sei. Ein solcher Anruf kann jeden treffen, egal ob arm oder reich, und auch die höchste Schutzmauer kann in diesem Fall nicht helfen. Es tut sich hier einer der eklatantesten Widersprüche in Sachen Sicherheit auf: Die meisten virtuellen Entführer sind Häftlinge, die ihre „Arbeit“ aus dem Gefängnis heraus durchführen. So ist es also möglich geworden, in dieser Stadt ein Verbrechen zu begehen, obwohl sich die einen zu ihrem Schutz einschließen und andere zum Schutz der Bevölkerung weggeschlossen werden.

Wenn die Gewalt keine Grenzen kennt und sich alle Beteiligten, Regierung, Bürger und Straftäter, aktiv an der Weiterführung dieser bizarren Spirale beteiligen, wird die Angst als solche zu einem Problem, da sie das friedliche Zusammenleben und die Solidarität zwischen den Menschen zunehmend behindert.

←

Carlos Ranc.
(Photo / Foto).

↓

Carlos Ranc.
(Wallpaper / Papel tapiz / Tapete).

Wallpaper created from photographs of barbed wire in Mexico City.

Papel tapiz elaborado a partir de fotografías de alambre de púas en la Ciudad de México.

Aus Stacheldraht-Fotografien aus Mexiko-Stadt erstellte Tapete.

NO
ANUNCIAR
GDF
44
E
"EXIJA SU BOLET
NO SOMOS
RESPONSABLES
POR OBJETOS NO
DECLARADOS EN
EL BOLETO O
DEJADOS BAJO
CUSTODIA"
QUEJAS Y
SUGERENCIAS
5250-1620
5250-1624

No Parking

Nowadays, the people of Mexico City tend to see public space as a no man's land, which anyone can appropriate for their own purposes. This reveals a tendency towards a loss of the sense of community, which leads to numerous problems, both social and practical.

Whether transiting the streets of Mexico City on foot or by car, it is common to encounter fences, railings, chains, tires, old paint tubs and crates that arbitrarily impede free passage, and make parking very difficult.

Taking into account that almost 3.5 million cars circulate in the city's 25 000 streets, the space allocated for on-street parking — in theory free of charge — has become a profitable business. Many bars and restaurants offer a valet service whereby cars are parked on the streets close to the establishment in question for a variable charge. An informal version of this service also extends throughout the city to any streets where people tend to park their cars, with young men offering to look after cars in exchange for a tip or even a weekly payment. Although drivers may be grateful not to have to look for a parking space, this 'service' can also lead to violent encounters. Looking for a place to park while seeing empty spaces set aside by means of large objects provokes indignation: in addition to being obliged to pay a fee, drivers are faced with the implicit threat of the car being damaged if they don't. Such extortion, together with the privatization of public space, is an assault on citizens' quality of life.

The appropriation of the public way is not, however, just a business; many people tend to adopt the portion of street in front of their homes (using crates, tires and even permanent structures), to be used as their private parking space. Some residents even go so far as to close off the whole street where they live — without permission — and pay for guards, to increase the sense of security and endow it with greater exclusivity. This extension, which in many cases aims to make up for the lack of a garage and a garden, or simply seeks isolation from the chaos of the city, is a deterrent to free access to public space.

For many years the government washed its hands of the responsibility for defending the inclusive aspect of public space, which resulted in such privatizations spreading widely. Nevertheless, the 2007 highway laws penalize obstructing the public way with a fine double that of driving the wrong way down a one-way street or having neon lights around license plates. Together with the fight against corruption, this suggests a more encouraging outlook.

←

Pavka Segura.
(Photo / Foto).

↓

Lucy Roberts.
(Object / Objeto / Objekt).

Objects to reserve parking places.

Objetos para apartar lugares de estacionamiento.

Objekte, mit denen Parkplätze besetzt werden.

Cristina Gil and the Cofi

It made me so angry that I left the car double-parked in front of my house and left a note saying "the parking guy won't let me park my car in front of my house". But I don't know, in the end it stressed me out more than him, because since the street is so narrow, I had to go down each time I heard the horns of the cars that couldn't get passed. I was up and down all afternoon, like six times, with such a tension…

Me dio tanta rabia que dejé el coche delante de mi casa en doble fila y puse un cartel que decía: "El viene-viene no me deja estacionar delante de mi casa". Pero no sé, al final me estresé yo más que él, porque, como la calle es muy estrecha, tuve que bajar cada vez que escuchaba el cláxon de los carros que no podían pasar. Estuve bajando toda la tarde, como seis veces, con una tensión…

Da wurde ich so wütend, dass ich das Auto vor meinem Haus in der zweiten Reihe stehen ließ, mit einem Schild, auf dem stand: „Der Parkservice lässt mich nicht vor meinem Haus parken". Aber ich weiß nicht, am Schluss war ich gestresster als er, denn die Straße ist sehr eng und ich musste jedes Mal runter, wenn ich die Hupe der Autos hörte, die nicht durchkamen. Den ganzen Nachmittag ging ich pausenlos nach unten, ungefähr sechsmal, und war furchtbar genervt...

Agandalle

Hoy en día, los habitantes de la Ciudad de México suelen ver el espacio público como una tierra de nadie de la que cualquiera puede apropiarse con fines exclusivamente privados. Esto demuestra una creciente tendencia a la pérdida del sentido colectivo, lo que implica varios problemas, tanto sociales como prácticos.

Cuando se intenta circular por las calles es común encontrarse con rejas, vallas, cadenas, llantas, envases y embalajes de madera (huacales) que restringen arbitrariamente el libre tránsito por la vía pública y el estacionamiento de automóviles.

Si se toma en cuenta que casi 3.5 millones de autos circulan por las 25 000 calles de la ciudad, el espacio destinado al estacionamiento público —y en principio gratuito— se ha convertido en un negocio rentable. Muchos bares y restaurantes ofrecen un servicio llamado *valet parking* en el que, por una tarifa variable y dentro de una relativa informalidad, se estacionan los coches en las calles cercanas a los establecimientos. Este fenómeno se ha extendido a varias zonas de la ciudad, donde jóvenes e incluso familias enteras ofrecen estacionar y cuidar los vehículos a cambio de una propina o, incluso, de una cuota semanal. Aunque en principio la mayoría de los conductores agradecen ser liberados de tener que buscar un espacio para estacionarse, este "servicio" también conduce a enfrentamientos violentos. Pasar una hora buscando estacionamiento y ver lugares disponibles ocupados por un objeto provoca la indignación del conductor, a lo que se suma el hecho de estar obligado a pagar una cuota establecida de manera arbitraria bajo la amenaza de que el auto sufra daños. La extorsión y privatización del espacio público atentan así contra la calidad de vida de los habitantes en general.

La apropiación de la vía pública no es, sin embargo, sólo un negocio: mucha gente suele reservar (también con huacales, llantas e incluso con estructuras permanentes) la calle frente a sus casas para utilizarla como estacionamiento privado. Asimismo, algunos vecinos cierran sin autorización la calle donde habitan para aumentar la seguridad y dotarla de mayor exclusividad. Esta ampliación, que en muchos casos busca subsanar la ausencia de cochera y jardines o simplemente aislarse del caos de la ciudad, impide el libre tránsito en la vía pública.

Durante muchos años el gobierno se deslindó de la responsabilidad de defender el carácter inclusivo del espacio público, lo que provocó que estos fenómenos de privatización se extendieran masivamente. Sin embargo, el reglamento de tránsito del año 2007 penaliza la obstrucción de la vía pública con una infracción que equivale al doble de la correspondiente a conducir en sentido contrario y de la de portar luces de neón alrededor de la placa del automóvil. Esto, junto con el combate a la corrupción, plantea un panorama más alentador.

←

Cristina Gil
with / con / mit Nuria Ibáñez.
(Text / Texto).

Chronicle of the relationship between a resident and the "viene-viene" of the street where she lives.

Crónica de la relación de una vecina con el "viene-viene" de la calle donde vive.

Bericht von dem Verhältnis einer Nachbarin mit dem örtlichen Parkdiener.

←

Citámbulos.
(Photos / Fotos).

Corona
Extra

mingo
VENDE
559538 25
559532 10
www.mingo.com.mx

Raumerweiterung

Heutzutage betrachten die Bewohner von Mexiko-Stadt den öffentlichen Raum gerne als eine Art Niemandsland, als einen Raum, den man sich ohne Weiteres für private Zwecke aneignen kann. Hieran erkennt man einen wachsenden Verlust an Gemeinsinn, was verschiedene, sowohl soziale als auch praktische Probleme hervorruft.

Beim Versuch, Mexiko-Stadt zu durchqueren, trifft man unweigerlich auf Gitter, Schranken, Absperrketten und absichtlich aufgetürmte, die Fahrbahn einschränkende Autoreifen, Eimer und Transportkisten. Dadurch werden der Verkehrsfluss sowie die Möglichkeit, sein Auto frei zu parken, merklich eingeschränkt.

Wenn man sich vor Augen führt, dass täglich fast 3,5 Millionen Autos durch die Straßen der Stadt fahren, ist es nachvollziehbar, dass jeglicher Parkraum zu einem lukrativen Geschäft geworden ist. Viele Bars und Restaurants bieten einen Parkdienst *(valet parking)* an, der die Autos gegen eine Gebühr auf den umliegenden Straßen abstellt. Dieses Phänomen hat sich auf verschiedene Gegenden der Stadt ausgedehnt, wo meistens jugendliche Parkhelfer (genannt *viene-viene*, nach dem ermunternden Zuruf „viene viene", „komm komm", mit dem sie beim Einparken helfen) und zuweilen ganze Familien den Service anbieten, die Fahrzeuge gegen ein Trinkgeld oder sogar gegen eine wöchentlich erhobene Gebühr zu parken und/oder zu bewachen. Obwohl die meisten Autofahrer im Prinzip dankbar dafür sind, von der Parkplatzsuche befreit zu werden, führt diese „Dienstleistung" mitunter zu gewaltsamen Zusammenstößen, wenn Autofahrer willkürlich festgelegte Beträge zahlen müssen.

Die Aneignung der Straßen und Bürgersteige ist allerdings nicht nur ein Geschäft. Viele Anwohner „besetzen" mit Transportkisten, Reifen und oft sogar mit feststehenden Aufbauten die Straße vor ihrem Haus, um sie als Privatparkplatz zu benutzen. Ebenso schließen manche Anwohner ohne offizielle Genehmigung die Straße, in der sie wohnen, für den Durchgangsverkehr, um so in erster Linie ihre persönliche Sicherheit zu erhöhen, aber auch, um die fehlende Garage oder den fehlenden Garten zu ersetzen.

Viele Jahre lang hat sich die Regierung der Verantwortung entzogen, den öffentlichen Raum zu verteidigen, wodurch sich dieses Privatisierungsphänomen stark ausgeweitet hat. In der neu erlassenen Verkehrsordnung aus dem Jahre 2007 wird nun jedoch das Versperren von Fahrbahn und Bürgersteig als Ordnungswidrigkeit geahndet und mit einem Bußgeld belegt, das doppelt so hoch ist wie die Bußgeldzahlung bei Fahren gegen die Fahrtrichtung oder das Montieren von Neonlichtern am Autokennzeichen.

←

Pavka Segura.
(Photos / Fotos).

←

Claudia Wondratschke.
(Photo / Foto).

City Airs

Mexico City has a strong tradition of using the street as a place of commercial exchange and social gathering, as may be appreciated by the vast number of street markets (*tianguis*) and the use of parks and squares for recreational activities, which elsewhere might take place indoors.

In places such as the Parque de la Ciudadela and the Monumento a la Revolución, citizens gather to dance *danzón* and rock and roll respectively, while in the Zócalo, the sound of the neo-Aztecs' drums never stops. However, the recreational use of public space is threatened by the infrastructure of the streets, which prioritizes vehicular traffic and discourages walking. Paradoxically, avoiding public space because it is considered dangerous is a self-fulfilling attitude, as a lack of people willing to make the streets their own effectively hands them over to the criminals.

While in the shantytowns it is still common for young people to play football in the streets, in many neighborhoods — particularly where the middle and upper classes live — public activities that celebrate shared space have been gradually lost over the last twenty years, to the detriment of citizens' quality of life. The association of recreation with consumerism and the shortage of open spaces in the densely-packed suburbs have turned shopping malls, cinemas, and sports clubs into the only places where people spend their free time.

In the last decade, the government of Mexico City has launched notable initiatives aimed at recovering public space and restoring its value for people of all classes. These have ranged from free concerts and temporary museums, to closing avenues for the exclusive use of bicycles, building 'urban beaches' in the summer as an alternative holiday resort for those who cannot leave the city, to setting up a giant ice skating rink in the Zócalo during the 'winter.' However, it is worth asking whether public space must be reduced to a mere stage for mass entertainment, or whether it should not also be a place for individual freedom of expression and for encounters with other people.

←

Annika Börm.
Plaza del danzón.
(Photo / Foto).

•

Rozana Montiel, Arturo Ortiz.
Chimalhuacán:
Sustainability in Poor Areas.
(Project / Proyecto / Projekt).

P 250

The beach

Doña Trini is splitting her sides with laughter in the shade of a tree. Behind her, the swimming pools are full, framed by lines of swimmers who await their turn with wristbands of the same colour. "How are you, Trini?" asks a woman who enters the scene. Moved, Doña Trini replies "I am so happy, I had never been to the beach before. In fact, I'd never even seen the sea."

Doña Trini ríe a carcajadas bajo la sombra de un árbol. Al fondo, las albercas repletas, enmarcadas por la fila de nadadores que aguardan su turno con pulsera del mismo color. "¿Cómo le va, Trini?", pregunta una mujer que llega a la escena. Emocionada, doña Trini responde: "Muy feliz, nunca había estado en la playa; es más, ni siquiera conocía el mar".

Doña Trini sitzt im Schatten eines Baumes und krümmt sich vor Lachen. Im Hintergrund die überfüllten Schwimmbecken und die Schwimmer, die mit ihren gleichfarbigen Armbändchen Schlange stehen, um endlich ins Becken springen zu können. „Wie geht es Ihnen, Trini?" fragt eine Frau, die die Szene betritt. Gerührt antwortet Doña Trini: „Ich bin überglücklich. Ich bin noch nie am Strand gewesen, ja, ich kannte nicht einmal das Meer."

Aires de ciudad

La Ciudad de México tiene una fuerte tradición en el uso de la calle como lugar de intercambio comercial y de socialización, tal como puede apreciarse en la gran cantidad de mercados ambulantes (tianguis) existentes y en el uso de las plazas y los parques para actividades recreativas.

En lugares como la plaza de la Ciudadela y el Monumento a la Revolución, todos los sábados se reúnen ciudadanos a bailar danzón y rock and roll, respectivamente, mientras en el Zócalo los neo-aztecas hacen sonar sus tambores. Sin embargo, en la actualidad el uso peatonal de la vía pública se ve amenazado por una infraestructura vial que da prioridad a la circulación del automóvil y por los discursos en torno a la inseguridad. Paradójicamente, evitar el uso del espacio público por considerarlo peligroso conduce a hacer más insegura una ciudad, pues no hay habitantes en la calle que puedan apropiarse de ella y, de este modo, ahuyentar la delincuencia.

Aunque en los barrios populares sigue siendo común que los jóvenes usen las calles para jugar futbol, en muchas colonias, sobre todo de clase alta, las actividades públicas que fomentan la convivencia se han ido perdiendo en los últimos veinte años, en detrimento de la calidad de vida de los habitantes. La asociación entre recreación y consumo y la falta de espacios públicos en la periferia han hecho que los centros comerciales, cines y clubes deportivos se conviertan poco a poco en los únicos lugares donde la gente pasa su tiempo libre.

Desde hace una década, el gobierno de la Ciudad de México ha emprendido iniciativas con el fin de recuperar el espacio público y dotarlo de prestigio entre todos los sectores. Las propuestas van desde conciertos gratuitos y museos temporales, el cierre parcial de avenidas al tráfico motorizado para destinarlas al uso exclusivo de bicicletas, la construcción de "playas urbanas" en el verano como oferta para la gente que no puede hacer sus vacaciones fuera de la ciudad, hasta la construcción de una pista de hielo gigante en el Zócalo durante el "invierno". Sin embargo, vale la pena preguntarse si el espacio público debe reducirse a su valor como simple escenario para el entretenimiento de las masas o si, más bien, debería ser un lugar donde también puede darse rienda suelta a la libre expresión de la individualidad y el encuentro con los demás.

←

Mauricio Rodríguez, 2008.
(Text / Texto).

Report from the beaches of the Federal District.

Crónica de las playas en el Distrito Federal.

Bericht von den Stränden des Bundesbezirks.

←

Roberta Vassallo.
(Photo / Foto).

Skating rink, Christmas 2007.

Pista de hielo, Navidad 2007.

Eisbahn, Weihnachten 2007.

Autobahnzubringer

Stadtluft

In Mexiko-Stadt haben die Straßen und Plätze als Orte des Handels und der Sozialisierung eine feste Tradition. Es gibt eine große Anzahl von Straßenmärkten *(tianguis)*, und die wenigen öffentlichen Grünflächen werden vielfältig für Freizeitaktivitäten genutzt.

So treffen sich die Menschen jeden Samstag zum Danzón- und Rock-and-Roll-Tanzen auf dem Ciudadela-Platz und am Revolutionsdenkmal, und auf dem Zócalo, dem Hauptplatz im Herzen der Altstadt, trommeln abends Gruppen von „Neo-Azteken". Die Nutzung öffentlicher Räume wird allerdings immer mehr durch die Verkehrsführung, die den Autos den Vorrang gibt, und durch den allgemeinen Unsicherheitsdiskurs eingeschränkt. Paradoxerweise wird die Stadt aber gerade dann unsicherer, wenn die Menschen den öffentlichen Raum aus Angst vor etwaigen Verbrechen meiden, statt sich der Straßen zu bemächtigen und so der Kriminalität keinen Raum zu lassen.

Auch wenn es in den Stadtvierteln der unteren Gesellschaftsschichten nach wie vor üblich ist, dass Jugendliche auf der Straße Fußball spielen, sind in den letzten 20 Jahren in vielen Vierteln öffentliche gemeinsame Aktivitäten verloren gegangen. Dieser Verlust an Lebensqualität ist vor allem in den Wohngebieten der Oberschicht zu beklagen. Generell ist festzustellen, dass die Freizeitaktivitäten immer mehr durch die Konsumwelt vereinnahmt werden und es an öffentlichen Räumen in der Peripherie fehlt. In der Folge verbringen die Menschen ihre Freizeit zunehmend nur noch in Einkaufszentren, Kinos und Sportclubs.

Seit zehn Jahren versucht die Stadtregierung, den öffentlichen Raum für die Bewohner aller Sektoren der Stadt wieder attraktiver zu machen. Die Projekte reichen von Gratis-Konzerten und temporären Museen über die sonntägliche Sperrung von Straßen für Fahrradfahrer bis hin zu den „Stadtstränden" für diejenigen, die nicht in den Urlaub fahren können. Die letzte dieser kontrovers diskutierten Initiativen war der Bau einer riesigen Eisbahn auf dem Zócalo im vergangenen Winter. Dennoch ist die Frage berechtigt, ob der öffentliche Raum auf eine reine Bühne für Massenveranstaltungen reduziert werden sollte, oder ob er nicht in erster Linie als Ort dienen sollte, in dem die Bürger sich artikulieren und aktiv an den Geschehnissen der Stadt teilnehmen können.

←

Tonalli Villaseñor,
Gerardo Rodríguez.
Puertas.
(Video). D4

With spontaneity, humor and cheekiness, citizens open doors in different parts of the city to say who they are and what they think about their city.

Con espontaneidad, humor y frescura, los habitantes abren puertas en distintos puntos de la urbe para expresar lo que son y lo que piensan de su ciudad.

Mit frischem Witz und Spontanität öffnen die Bewohner an verschiedenen Punkten der Stadt Türen, um sich und ihre Meinung von Mexiko-Stadt vorzustellen.

←

Mark Powell.
(Photo / Foto).

Arena Mexico

Mexican *presidencialismo*, which allowed the same party to stay in power for over seventy years, has made itself felt in the city in several ways, but perhaps its most dramatic consequence was the loss of the city's governing body in 1928. The absence of a local government at the service of the citizens' needs, together with people's lack of knowledge of their political rights and responsibilities, filled the city with conflicts and contradictions. → Suffering from deficient urban infrastructure, corruption in government and the population as a whole, and a metropolitan area that dramatically surpassed its original political boundaries, the city was already in decline when, with the earthquake of 1985, it seemed to crumble altogether. The solidarity and self-organization that emerged among the citizens in the face of the tragedy gave birth to a new era in which people took on new responsibilities and demanded a corresponding improvement in the performance of the authorities. → This new sense of organization contributed to the establishment of the office of Mayor of Mexico City in 1997. Since then, the city has undergone remarkable improvement, although it remains to be seen whether, when faced with major challenges, the authorities and inhabitants will be able to consolidate a new kind of politics that is truly concerned with the common good.

Arena México

→ El presidencialismo mexicano, que permitió al mismo partido político mantenerse en el poder durante más de setenta años, se dejó sentir en la capital de muchas maneras, pero tal vez su consecuencia más dramática fue la pérdida, en 1928, de la representación política de la ciudad. La falta de un gobierno local al servicio de las necesidades de los ciudadanos, aunada al desconocimiento por parte de la población de sus derechos políticos pero también de sus responsabilidades, hizo que la ciudad se colmara de conflictos y contradicciones. → Con una infraestructura urbana deficiente, un gobierno y una ciudadanía marcados por la corrupción, y una zona metropolitana que rebasó abruptamente los límites de su entidad política original, la ciudad comenzó a desmoronarse, hasta que con el terremoto de 1985 terminó, literalmente, por colapsarse. La solidaridad y la autoorganización que surgió entre los ciudadanos ante la tragedia dio inicio a una nueva época en la que los habitantes asumieron responsabilidades y exigieron una mejor gestión a las autoridades. → La organización de la sociedad contribuyó a que en 1997 se celebraran las primeras elecciones de jefe de gobierno de la Ciudad de México. A partir de entonces la ciudad ha mejorado notablemente; sin embargo, aún queda por verse si ante los grandes desafíos que enfrentará esta megalópolis, tanto las autoridades como los habitantes lograrán consolidar una nueva política que realmente vele por el bien común.

Arena Mexiko

→ Der mexikanische Präsidentialismus, durch den eine einzige politische Partei über 70 Jahre lang an der Macht bleiben konnte, machte sich in der Hauptstadt auf verschiedene Arten bemerkbar. Die dramatischste Folgeerscheinung war vielleicht der Verlust der städtischen Volksvertretung im Jahre 1928. Dadurch, dass es keine direkt gewählte Lokalregierung mehr gab und dass außerdem die Bevölkerung weder über ihre politischen Rechte noch über ihre Pflichten Bescheid wusste, häuften sich in der Stadt politische und planerische Konflikte an. → Aufgrund der mangelhaften städtischen Infrastruktur, der Korruption in der Verwaltung und der Tatsache, dass das Stadtgebiet seine ursprünglichen politischen Grenzen dramatisch überschritten hatte, begann die Stadt auseinanderzufallen, bis sie mit dem Erdbeben von 1985 buchstäblich einstürzte. Die Solidarität und die Eigeninitiative, die die Stadtbewohner angesichts dieser Tragödie zeigten, läuteten eine neue Epoche ein, in der die Städter Verantwortung übernahmen und den Behörden ein besseres Stadtmanagement abverlangten. → Das Engagement der Bürger trug dazu bei, dass 1997 zum ersten Mal wieder Stadtparlamentswahlen abgehalten wurden. Seither hat Mexiko-Stadt entscheidende Fortschritte gemacht. Angesichts der großen Herausforderungen, vor denen die Megalopole steht, bleibt es jedoch abzuwarten, ob die Behörden und die Bewohner es schaffen, eine neue Politik zu konsolidieren, die das städtische Gemeinwohl stärkt.

artesanias•gastronomia

Porque nos importas tú
Llegó
El Súper
Mexicano
SORIANA
telcel
DOLOSO!

Monopoly

In the last seven years, Mexico City's Historic Center has undergone a radical transformation. Street furniture has been replaced, streets have been repaved, buildings restored, new museums have opened, and endless recreational and cultural events have been held. This process, however, has not been without conflicts, above all between the property business, which seeks to promote a neat, clean city, and the street vendors.

The first organizations of street vendors emerged as a result of a twofold neglect of the center. It was neglected both by the property owners, who no longer profited from frozen rents, and by the general population who turned their backs on an area severely damaged by the 1985 earthquake. This neglect, together with the financial crises of the 1980s and the trading of 'empty' spaces between some politicians and street vendors in return for votes, resulted in the streets becoming wholly occupied by informal trade, and residential buildings being turned into warehouses. The people of the city — as well as from the provinces — come to the Historic Center principally to purchases low-value, mass-produced goods. In the 1990s the zone, which had only 216 000 residents, received 1.2 million people each day.

The 1997 election of the first city government chosen by the will of the people renewed the interest in changing the appearance of a city center that had come to be seen as a reflection of the social decline of the entire country, and as a paradigm of urban chaos. In 2001, the Council for the Rescue of the Historic Center was established, with the aim of restoring the 9.7 square kilometers of the old city, classified as a UNESCO World Heritage Site. This organization, in which both the federal and city governments are involved, is led by Carlos Slim, the wealthiest and most prominent businessman in Mexico.

Tax incentives and capital gains on property have encouraged private capital to invest in improving the urban and residential infrastructure of the Historic Center, as well as its cultural offerings, with the idea that it become a tourist attraction and leisure space for the middle classes. Nevertheless, the street vendors have fought tooth and nail to preserve their place in the center, arguing that they solve part of the unemployment problem and that they cater to the lower end of the market.

The present head of the city government, in turn, has allocated ten million dollars in financial support for street vendors, with the aim of relocating them to new enclosed shopping centres in the Historic Center and surrounding area. Nonetheless, a deeply-rooted culture of street commerce and a fragile economy make it difficult to predict what aspect the city center will have in the decades to come.

←

Rodrigo Vázquez.
(Photo / Foto).

←

Citámbulos.
(Photo / Foto).

Carlos Slim seems to have been inspired by street traders in creating the army of workers without contracts or social security who sell his company's phone cards at traffic lights.

Carlos Slim parece haberse inspirado en el comercio ambulante para crear el ejército de trabajadores sin contrato ni prestaciones, que venden las tarjetas telefónicas de su compañía en los semáforos.

Carlos Slim scheint sich bei den Straßenhändlern inspiriert zu haben, um das Heer von Arbeitern auszuheben, die ohne Vertrag und soziale Sicherungen an den Ampeln Telefonkarten seines Mobilfunkunternehmens verkaufen.

•

Antonio Esposito,
Elena Bruschi, *et al.*
Plaza Tlaxcoaque: Recovering the Center.
(Project / Proyecto / Projekt).
P 252

Monopoly

El Centro Histórico ha sufrido una transformación radical en los últimos siete años: se ha renovado el mobiliario urbano, repavimentado calles, restaurado edificios, abierto nuevos museos y celebrado numerosas actividades recreativas y culturales. Sin embargo, este proceso no ha estado exento de conflictos, sobre todo entre el negocio inmobiliario, que busca promover una ciudad ordenada y limpia, y el comercio ambulante.

Las primeras organizaciones de vendedores ambulantes surgieron a raíz de un doble abandono del centro: por una parte, el de los propietarios cuyos inmuebles perdieron rentabilidad a causa de las rentas congeladas; y, por otra, el de los habitantes, después del sismo de 1985, que dañó gravemente esta zona. Este abandono, las crisis económicas de los años ochenta y el intercambio entre algunos políticos y vendedores ambulantes de los espacios "vacíos" por votos, provocó que las calles fueran ocupadas por el comercio informal y las viviendas se convirtieran en bodegas. Desde entonces, al Centro Histórico vienen a abastecerse no sólo los habitantes de la ciudad, sino también los del interior del país. En los años noventa, esta zona —que tan sólo contaba con 216 000 habitantes— recibía diariamente a 1.2 millones de personas que acudían principalmente con fines comerciales.

La elección en 1997 del primer gobierno de la ciudad elegido por voluntad popular reactivó el interés por cambiar el rostro de un centro que se percibía como reflejo de la descomposición social del país y como ejemplo de anarquía urbana. En 2001 se creó el Consejo Consultivo para el Rescate del Centro Histórico, cuyo objetivo fue la rehabilitación de los 9.7 kilómetros cuadrados del primer cuadro, clasificados como Patrimonio de la Humanidad. Esta organización, en la que participan los gobiernos federal y capitalino, está liderada por Carlos Slim, el empresario más importante y rico del país.

Los estímulos fiscales y el aumento de la plusvalía de los inmuebles han alentado a la iniciativa privada a invertir en la mejora de la infraestructura urbana y habitacional del Centro Histórico, así como en la oferta cultural, bajo la apuesta de que se convierta en un atractivo turístico y en un espacio de consumo para sectores con alto poder adquisitivo. No obstante, los comerciantes ambulantes han luchado fervientemente por preservar su lugar en el Centro, bajo la justificación de que así resuelven el problema del desempleo y atienden a un mercado con bajo poder adquisitivo.

Por su parte, el actual jefe de gobierno de la ciudad ha destinado 100 millones de pesos en apoyos económicos a los vendedores ambulantes, con el fin de concretar su reubicación en plazas comerciales del Centro Histórico y sus alrededores. Sin embargo, una arraigada cultura de comercio en las calles y una situación económica vulnerable hacen difícil predecir qué perfil tendrá el Centro en las próximas décadas.

←

Citámbulos.
(Photo / Foto).

←

Rodrigo Vázquez.
(Photo / Foto).

Of the seven most powerful street vendors' organizations, five are led by women. In 2005, Alejandra Barrios Richards, leader of the 'Civic and Commercial Association of Sellers', charged at least 20 000 US dollars per day in rent for the pitches she controlled.

De las siete organizaciones de ambulantes más poderosas, cinco son lideradas por mujeres. En 2005 Alejandra Barrios Richards, lideresa de la Asociación Cívica y Comercial de Comerciantes, cobraba no menos de 200 000 pesos por la renta diaria de los espacios en la calle.

Von den sieben einflussreichsten Straßenhändlerorganisationen werden fünf von Frauen geleitet. 2005 nahm Alejandra Barrios Richards, Führerin der Händler Zivil- und Handels-Vereinigung, nicht weniger als 13 000 Euro am Tag ein.

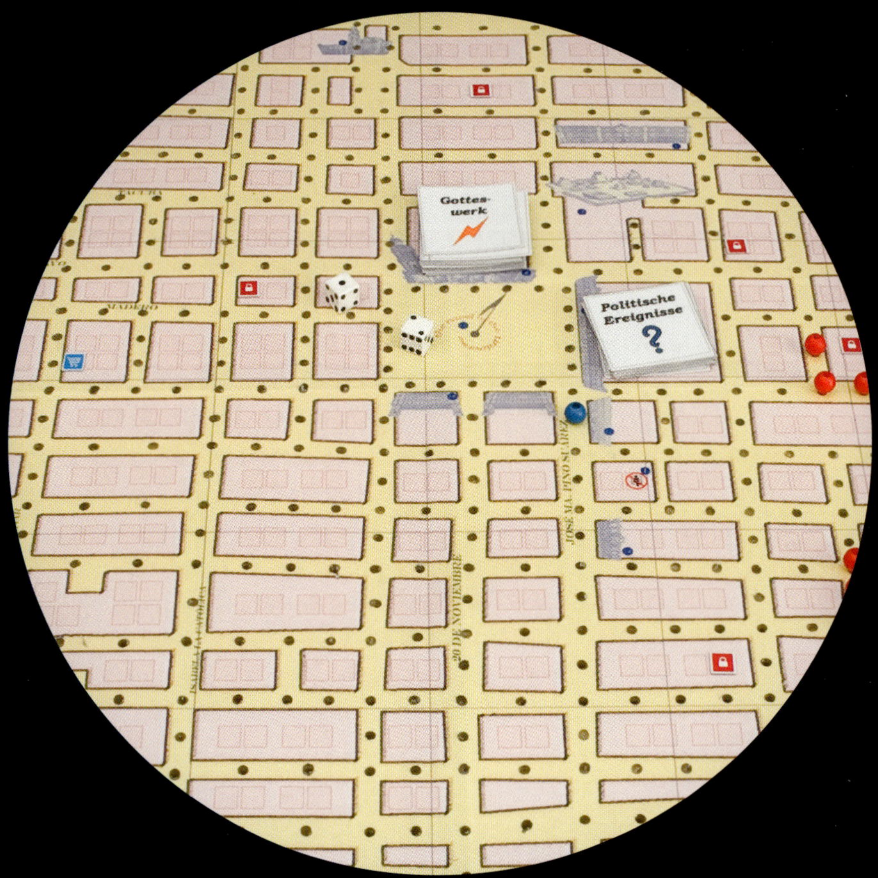
Gottes-
werk
Politische
Ereignisse
?
20 DE NOVIEMBRE
JOSE MA. PINO SUAREZ

Monopoly

←

Roger Sánchez, Citámbulos.
(Object / Objeto / Objekt).

Carlos Slim, owner of a chain of department stores (famous for their meringue cakes), is responsible for 70% of private investment in the Historic Center.

Carlos Slim, dueño de una cadena de tiendas famosa por sus pasteles de merengue, concentra 70% de la inversión privada en el Centro Histórico de la ciudad.

Carlos Slim, Eigentümer einer für ihre Torten berühmten Handelskette, vereint in seiner Hand 70 Prozent der privaten Investitionen in der Altstadt.

←

Citámbulos, 2008.
(Board game / Juego de mesa / Brettspiel).

The Magnate and the Street Vendors struggle for control of the real estate and streets in the Historic Center.

El magnate y los vendedores ambulantes luchan por apropiarse de los inmuebles y las calles del Centro Histórico.

Der Magnat und die Straßenhändler kämpfen um die Macht über Straßen und Gebäude der Altstadt.

Die Altstadt hat sich in den letzten sieben Jahren radikal verändert: Das Stadtmobiliar wurde erneuert, Straßen wurden neu asphaltiert, Gebäude restauriert, neue Museen eröffnet und zahlreiche Freizeit- und Kulturveranstaltungen abgehalten. Dieser Prozess lief allerdings nicht ohne Konflikte zwischen der Immobilienbranche, die Ordnung und Säuberung der Stadt betreibt, und dem überaus präsenten Straßenhandel ab.

Die ersten Straßenverkäuferorganisationen entstanden infolge zweier großer Abwanderungsbewegungen aus dem Zentrum. Einerseits zogen sich die Eigentümer zurück, deren Immobilien wegen jahrelang eingefrorener Mieten an Rentabilität verloren hatten, und andererseits verließen die Mieter aufgrund schwerer Schäden durch das Erdbeben von 1985 die Altstadt. Diese Abwanderung, die schwere Wirtschaftskrise der 1980er Jahre und dubiose Geschäfte über die Verwendung „leerer" Häuser und Straßenräume gegen Wahlstimmen, führten dazu, dass die Straßen vom informellen Handel besetzt und die Wohnhäuser zu Lagerräumen umfunktioniert wurden. Seither kommen die Stadtbewohner, aber auch Menschen aus entfernteren Regionen, in die Altstadt, um sich mit allem Not- und nicht so Notwendigen auszustatten. In den 1990er Jahren hatte die historische Altstadt, die selbst nur noch 216 000 Bewohner zählte, einen täglichen Zulauf von 1,2 Millionen Menschen.

Als 1997 zum ersten Mal eine Stadtregierung von den Bewohnern gewählt wurde, erwachte ein neues Interesse daran, das Gesicht von Mexiko-Stadt zu verändern. Es wurde das Ziel gesetzt, die 9,7 Quadratkilometer der Altstadt, die als Weltkulturerbe eingetragen sind, zu retten, wofür 2001 der Consejo Consultativo para el Rescate del Centro Histórico ins Leben gerufen wurde. Diese Organisation, der auch die Bundes- und Stadtregierung angehören, steht unter dem Vorsitz von Carlos Slim, dem wichtigsten und reichsten Unternehmer des Landes.

Mit Steueranreizen und dank der antizipierten Wertsteigerung der Gebäude wurden Privatleute dazu animiert, in die Sanierung der Altstadt zu investieren, um Touristen und kaufkräftige Kunden anzuziehen. Diese Veränderung geht einher mit dem Versuch, den Straßenhandel zu verdrängen. Jedoch kämpfen die Händler hart um ihren Platz im Zentrum. Ihr Hauptargument ist, dass sie das Problem der Arbeitslosigkeit lösen und einen bedürftigen Sektor mit geringer Kaufkraft bedienen.

Der derzeitige Bürgermeister hat den Straßenhändlern Finanzhilfen zugesprochen, um sie in neuen Einkaufszentren in und um die Altstadt unterzubringen. Da die Kultur des Straßenhandels tief verwurzelt und die Wirtschaftslage nach wie vor labil ist, es jedoch schwierig, eine Prognose über die Entwicklung der Altstadt in den nächsten Jahren abzugeben.

Emergent Spaces

In 1928 a law promoted by General Álvaro Obregon radically modified the way in which Mexico City was governed: from a municipal system the city moved to direct rule by the nation's president. With no influence over governmental policies, citizens' participation was effectively suspended for almost seventy years.

The 1968 student uprising reflected the first demands for political rights by the people living in Mexico City. But it was the devastating earthquake of 1985 that created an opportunity to reclaim control over the city, without the mediation of the legal system. Faced with a government paralyzed by the scale of the tragedy, citizens took to the streets to help their neighbors, both friends and strangers, in defiance of the curfew. Thanks to them, not only were 4 500 people rescued from the rubble, but services were re-established and the process of relocation of those affected and the reconstruction of the city were quickly begun.

From this point on, citizens' participation was revitalized, and during the 1980s there were high spirits among political and social movements in Mexico City. Influential urban pressure groups and organizations were born, such as the Neighborhoods Assembly, the Sole Coordination for Victims of Natural Disasters, and the People's Urban Movement, among others. Citizens found new ways of expressing themselves, including the creation of a superhero called 'Super Barrio' who, dressed as a *lucha libre* wrestler, not only became an important representative for social movements, but also embodied the people's ability to meet their needs without waiting for state compensation.

However, what took place was not only a phenomenon relating to a specific moment in history. If Mexico City functions at all, despite its enormous defects, it is thanks to the self-organizational abilities of its own citizens, itself largely based on extended families and neighborhood networks.

At this distance from the 1985 disaster, it can be seen that at a local level people organize themselves not for the sole purpose of financial survival, but also to overcome the lack of urban infrastructure and of recreational spaces. In some parts of the city, one observes the private become public, and the public become communal. While residents of Iztapalapa commission a sculpture to crown a pedestrian bridge that they self-managed for many years, the members of a family from Nezahualcóyotl created the Azteca-Budokan arena, in the midst of their own self-built homes, transforming it into a wrestling space, visited by sportsmen and women from as far away as Japan.

←

Nirvana Paz.
(Photo / Foto).

ARENA GYM AZTECA
ARENA AZTECA BUDOKAN
VENTA DE BOLETOS
HORARIO:
LUNES A VIERNES DE 5pm a 8pm
SABADOS Y DOMINGOS
THE PARROT

Espacios emergentes

←

Orlando Jiménez.
Arena Azteca Budokan, 2008.
(Video). E2

Portraits of daily life at the Azteca Budokan lucha libre *arena, revealing the landscape of the city's suburbs, the transformations of private to public spaces, the inhabitants, and the links this center on the outskirts has established with other parts of the world, such as Tokyo.*

Retratos de la vida cotidiana de la Arena Azteca Budokan muestran el paisaje de la periferia, las mutaciones de lo privado a lo público, los habitantes y los vínculos que este centro en la periferia ha establecido con otros lugares del mundo, como Tokio.

Alltagsporträts aus der Arena Azteca Budokan, welche die Vorortlandschaft, die räumlichen Veränderungen von Privatem in Öffentliches, die Bewohner und die Verbindungen, die dieses periphere Zentrum mit der Welt, vor allem mit Tokyo, unterhält, aufzeigen.

En 1928, una ley promovida por el general Álvaro Obregón modificó radicalmente la forma de gobierno de la Ciudad de México: de un régimen municipal se pasó a uno en el que la gestión de la ciudad quedó en manos del presidente de la República. Sin posibilidad alguna de incidir en las políticas gubernamentales, la participación ciudadana quedó formalmente suspendida durante casi setenta años.

La revuelta estudiantil de 1968 introdujo las primeras demandas de derechos políticos para los habitantes de la Ciudad de México. Pero fue el temblor de 1985 el que les devolvió la posibilidad de asumir como propia la gestión de la ciudad, sin que ningún sistema legal se los otorgara. Frente a un gobierno paralizado por las dimensiones de la tragedia, los habitantes salieron a las calles para ayudar a sus vecinos, conocidos y desconocidos, desobedeciendo la orden gubernamental de permanecer en sus hogares. Gracias a ellos no sólo se salvaron 4 500 vidas, sino que se restablecieron los servicios y se inició rápidamente el proceso de reubicación de los damnificados y la reconstrucción de la ciudad.

A partir de este momento, la participación ciudadana se revitalizó y en los años ochenta se vivió una gran efervescencia política y social. Fue entonces cuando surgieron grandes movilizaciones urbanas y organizaciones como Asamblea de Barrios, la Coordinadora Única de Damnificados y el Movimiento Urbano Popular, entre otras. Los habitantes encontraron nuevas formas de expresión ciudadana, incluida la creación de un superhéroe —Super Barrio— que, ataviado como personaje de lucha libre, no sólo se convirtió en un importante representante de los movimientos sociales, sino que encarnó la capacidad de los habitantes de cubrir sus necesidades sin esperar el amparo del Estado.

Lo ocurrido, sin embargo, no fue un fenómeno coyuntural. Si la Ciudad de México funciona, a pesar de sus enormes carencias, es gracias a la capacidad de autogestión de sus habitantes, basada principalmente en la familia extendida y en las redes barriales.

Lejos de la hecatombe de 1985, uno puede encontrar que también en una escala local la gente se organiza no sólo para sobrevivir económicamente, sino para subsanar la falta de infraestructura urbana y de espacios recreativos. En algunas partes de la ciudad es común ver que lo privado se transforma en público y lo público en comunitario. Mientras los vecinos de Iztapalapa encargan una escultura para coronar el puente peatonal que durante muchos años gestionaron ellos mismos, los miembros de una familia de Nezahualcóyotl perfilan con sus casas de autoconstrucción la arena Azteca-Budokan, un importante espacio de lucha libre al que acuden incluso deportistas de otros países, como Japón.

Netzwerke

1928 änderte sich durch ein von General Álvaro Obregón erlassenes Gesetz die Regierungsform von Mexiko-Stadt radikal: Die Lokalverwaltung ging auf den mexikanischen Präsidenten über, und für die Bewohner gab es somit keine Möglichkeit mehr, auf die Regierungspolitik ihrer Stadt Einfluss zu nehmen, wodurch die Bürgerbeteiligung 70 Jahre lang formell aufgehoben war.

1968, im Zuge der Studentenrevolte, wurden die ersten Forderungen nach politischem Mitspracherecht laut, aber erst in der Not nach dem verheerenden Erdbeben von 1985 erkämpften sich die Bewohner ihr Recht, die Belange der Stadt wieder selbst in die Hand zu nehmen. Die Regierung war angesichts des Ausmaßes der Katastrophe wie gelähmt, und so gingen die Bürger unter Missachtung des Regierungsbefehls, ihre Häuser nicht zu verlassen, dennoch auf die Straße, um ihren Nachbarn zu helfen. Dank dieser Initiative konnten nicht nur 4 500 Menschenleben gerettet werden, sondern es konnte auch die Versorgung wiederhergestellt und schnell mit der Umsiedlung der Opfer und dem Wiederaufbau der Stadt begonnen werden.

Von diesem Moment an erwachte die Bürgerbeteiligung zu neuem Leben, und in den 1980er Jahren befand sich Mexiko-Stadt in großem politischen und gesellschaftlichen Aufruhr. In dieser Zeit bildeten sich wichtige Bewegungen und Organisationen wie zum Beispiel die Asamblea de Barrios, die Coordinadora Única de Damnificados und das Movimiento Urbano Popular. Die Stadtbewohner suchten neue Formen, sich als Bürger zu artikulieren, unter anderem in der Person des Superhelden Super Barrio, der in der Kluft eines *lucha-libre*-Ringers zu einem wichtigen Vorkämpfer sozialer Bewegungen und zum Symbol dafür wurde, dass die Menschen sich selbst helfen können, ohne auf die Hilfe des Staates zu warten.

All das war kein vorübergehendes Phänomen. Wenn Mexiko-Stadt trotz der enormen Defizite funktioniert, dann hat man das der Selbstverwaltung ihrer Einwohner zu verdanken, die in erster Linie auf den weitverzweigten Familienverbindungen und dem nachbarschaftlichen Zusammenhalt in den Wohnvierteln beruht.

Jenseits der Katastrophe von 1985 ist zu erkennen, dass die Menschen sich nicht nur aus Gründen des wirtschaftlichen Überlebens organisieren, sondern auch um der fehlenden städtischen Infrastruktur und dem Mangel an Freizeitangeboten entgegenzuwirken. In manchen Stadtteilen kann man beobachten, wie Privates öffentlich und Öffentliches zu Gemeinschaftsbesitz wird: So ließen beispielsweise die Anwohner Iztapalapas eine Skulptur anfertigen, um eine Fußgängerbrücke zu schmücken, deren Bau sie über viele Jahre hinweg selbst organisiert hatten, und eine Familie aus Nezahualcóyotl errichtete im Geviert ihrer Häuser eine Wrestling-Arena, die zu einem international bedeutenden Austragungsort geworden ist.

←
Víctor Mendiola.
(Photo / Foto).

Frontiers

←

Jeremy Clouser.
(Photo / Foto).

A wall was built by Federal District authorities to prevent the spread of illegal building into a conservation area. However, on the other side of the mountain, in the State of Mexico, the city continues to grow into this area.

Un muro fue construido por las autoridades del Distrito Federal para evitar el crecimiento de la mancha urbana en un área de conservación ecológica. Sin embargo, del otro lado de la montaña, en el Estado de México, la ciudad sigue invadiendo el área.

Eine Mauer wurde von der Verwaltung des Bundesbezirks errichtet, um das Wachstum der Siedlungsfläche in ein Naturschutzgebiet zu stoppen. Auf der anderen Seite des Berges, auf Seiten des Bundeslands Mexiko, dehnt sich die Stadt aber weiter in das Gebiet aus.

•

Various / Varios / Verschiedene.
Metropolitan Integration: Public Transport.
(Project / Proyecto / Projekt).
P 254

To pin down the size of Mexico City, there are several units of analysis at hand, with the Metropolitan Area of the Valley of Mexico (MAVM) the most widely accepted definition among urban geographers. Around twenty million people live in the MAVM, spread out in an almost continuous urban sprawl, extending over sixteen boroughs of the Federal District, fifty-nine municipalities of the State of Mexico and, until now, one municipality from Hidalgo state. However, the metropolis subtly changes size every day, still expanding over the beds of dried lakes, forested and agricultural areas, barren ground or extinct volcanoes, though nowadays more slowly than in the years of demographic explosion. The official integration of the city of Pachuca together with another twenty-eight municipalities in Hidalgo State in 2009 will make the MAVM the largest metropolitan area in the world.

It is the merging of Mexico City with the metropolitan areas of Toluca and Pachuca that make it a megalopolis. This metropolitan condition brings to the fore the problem of the administrative and political borders that fragment it: one federal government, three state governments and seventy-six — soon to be 105 — local governments all competing with each other. This multiplicity of administrations leads to regional management rapidly descending into chaos, even more so if we consider that the Executive Commission for Metropolitan Coordination, set up precisely in order to unify efforts, has no effective legal basis with which to back up its proposals. This fragmentation directly affects inhabitants in different ways, for example when moving around the city or in their access to educational and legal institutions.

The outlook, however, is not all bleak. Recent projects, such as the suburban train — coordinated by the federal government in conjunction with the governments of the Federal District and of the State of Mexico —, are generating a network of efficient and affordable transport for the millions of people that travel daily from the outskirts to the center of the city. This type of initiative shows that governments have really begun to work together, in clear contrast to past measures that failed due to their unilateral nature, such as a containment wall built to limit urban sprawl, which only prevented the advance of new houses from the side of the Federal District, but not that of the State of Mexico.

Testimonial of Rosario Cipriano

If you are from the State of Mexico and want to study in the Federal District, you don't get much chance. They tell you there are no places, you live too far away or they let you sit the exam but then say you didn't pass. Though it's the same when you try for a job in the D.F. and you're from the State. In the D.F. there's more work and better paid, but when you show the proof of address from the State of Mexico they turn up their nose at you and send you to the bottom of the list. That's why lots of people who live in the State of Mexico get their I.D. card from the D.F, with family members who live there.

Si eres del Estado de México y quieres hacer estudios en el Distrito Federal, no te dan mucha oportunidad. Te dicen que no hay vacantes, que vives muy lejos o te hacen el examen pero luego te dicen que no pasaste. Aunque lo mismo pasa cuando pides trabajo aquí en el Distrito y eres de allá. En el D.F. hay más oferta y ganas mejor, pero cuando muestras el comprobante de domicilio del Estado de México te tuercen la boca. Te vuelves la última opción. Por eso mucha gente que vive en el Estado de México saca su IFE en el D.F., con sus familiares que viven ahí.

Wenn du aus dem Bundesland, dem Estado de México, kommst und im Bundesbezirk studieren willst, dann hast du wenig Chancen. Die erzählen dir, es gäbe keine freien Plätze, oder man wohne zu weit weg, oder aber man muss eine Prüfung ablegen und erfährt irgendwann, man habe sie nicht bestanden. Allerdings ist es bei der Jobsuche genauso. In der Stadt gibt es mehr Jobs und man verdient besser, aber wenn man als Wohnsitz den Estado de México angibt, erntet man abschätzige Blicke und landet gleich auf dem letzten Platz in der Liste. Deswegen lassen sich viele Menschen, die im Bundesland Mexiko wohnen, ihren Ausweis über ihre Angehörigen im Bundesbezirk ausstellen.

Fronteras

Existen diversas unidades básicas de análisis para definir la Ciudad de México a partir de su extensión. La más aceptada es la de Zona Metropolitana del Valle de México (ZMVM), que alberga aproximadamente 20 millones de habitantes, distribuidos en una mancha urbana casi continua que se extiende por 16 delegaciones del Distrito Federal, 59 municipios del Estado de México y, hasta ahora, un municipio del estado de Hidalgo. Sin embargo, la metrópoli cambia sutilmente de tamaño todos los días, expandiéndose sobre los lechos de los lagos secos, zonas boscosas y agropecuarias, pedregales inhóspitos o volcanes apagados, aunque a menor velocidad que durante los años de mayor explosión demográfica. Con la incorporación de Pachuca y otros 28 municipios de Hidalgo, esta ciudad regional se ha convertido en la región conurbada más grande del mundo.

El crecimiento y traslape de la Ciudad de México con las zonas metropolitanas de Toluca y Pachuca la han convertido en una megalópolis. Esta condición metropolitana obliga a pensar en las fronteras político-administrativas que fragmentan su interior: un gobierno federal, tres gobiernos estatales y 76 —próximamente 105— gobiernos locales que compiten entre sí. Esta multiplicidad de organismos hace que la administración regional se vuelva caótica con facilidad, más aún si se considera que la Comisión Ejecutiva de Coordinación Metropolitana, creada para unificar esfuerzos, carece de un respaldo jurídico efectivo para llevar a cabo sus propuestas. Esta fragmentación afecta directamente a los habitantes en cuanto a su movilidad en el interior de la urbe y a su acceso a instituciones educativas y jurídicas.

El panorama, sin embargo, no es del todo oscuro; proyectos recientes como el tren suburbano —coordinado por tres gobiernos: el federal, el del Distrito Federal y el del Estado de México— están generando una red de transporte eficiente y barato para los millones de personas que diariamente viajan desde los bordes de la metrópoli hasta el centro. Este tipo de iniciativas demuestra que los gobiernos han comenzado a trabajar realmente en conjunto, en claro contraste con las medidas que se tomaron en el pasado y que, por unilaterales, fracasaron, como el muro de contención de la mancha urbana que sólo impuso límites al avance de las casas del Distrito Federal pero no al de las del Estado de México.

←

Ulrike Stehlik.
(Photo / Foto).

Each day 385 128 passengers pass through the station of Pantitlán, coming from the eastern suburbs of the megalopolis to work in the center of the city.

En la estación de Pantitlán 385 128 pasajeros diarios procedentes de los municipios conurbados del este de la megalópolis se dirigen hacia el centro de la ciudad para trabajar.

385 128 Passagiere täglich verzeichnet die U-Bahnstation Pantitlán, wenn die Pendler aus dem Ballungsgebiet der Megalopole zum Arbeiten in die Kernstadt strömen.

←

Citámbulos, 2008.
(Entrevista / Interview).

Invisible borders in the life of the metropolitan area.

Testimonio de Rosario Cipriano: Fronteras invisibles en la vida de la zona metropolitana.

Bericht von Rosario Cipriano: Unsichtbare Grenzen im Leben der Stadtregion.

Grenzen

Für die genaue Eingrenzung des Stadtgebiets von Mexiko-Stadt gibt es eine Reihe von Definitionsversuchen. Die von den Stadtgeografen überwiegend akzeptierte Definition ist die Zona Metropolitana del Valle de México (ZMVM), die „Metropolregion des Tals von Mexiko", in der ungefähr 20 Millionen Menschen leben, verteilt auf ein fast lückenlos bebautes Stadtgebiet. Dieses erstreckt sich über 16 Stadtbezirke im Distrito Federal, im „Bundesbezirk", 59 Land- und Stadtkreise im umliegenden Bundesland Mexiko und bislang einem Kreis im daran angrenzenden Bundesland Hidalgo. Allerdings verschieben sich die Grenzen der Metropole permanent, denn diese breitet sich noch immer, wenn auch deutlich langsamer als in den Jahren der Bevölkerungsexplosion, über trockengelegte Seen, über Wald- und Agrargebiete sowie gelöschte Vulkane aus. Mit der offiziellen Eingliederung der Stadt Pachuca und weiterer 28 Kreise Hidalgos in die Stadtregion wird diese nun zum größten Ballungsraum der Welt.

Das stetige Wachstum und die Überschneidung von Teilen der Metropolregion von Mexiko-Stadt mit Teilen der angrenzenden Metropolregionen der Städte Toluca und Pachuca hat die Stadtregion in eine Megalopole verwandelt, deren politische und administrative Grenzen überdacht werden müssen: Mit einer Bundesregierung, drei Landesregierungen und 76 — in Kürze 105 — Kommunalregierungen zerfällt die regionale Verwaltung in eine Vielzahl von zum Teil konkurrierenden Organen, die schnell den integralen Blick auf die sozialen, wirtschaftlichen und ökologischen Herausforderungen der Region aus den Augen verlieren. Die für die Koordination einer gemeinsamen Planung geschaffene Comisión Metropolitana wurde zudem nicht mit dem nötigen juristischen Rückhalt ausgestattet, um ihre Vorschläge umsetzen zu können. Für die Bewohner kommt es in der Folge zu starken Unterschieden, wenn es um ihre Mobilität oder den Zugang zu Bildungseinrichtungen oder auch um ihre juristische Vertretung geht.

Trotz allem gibt es Anzeichen von Zusammenarbeit. Die neue Stadtbahnlinie nach Cautitlán, im Nordwesten der Metropolregion, ist ein Gemeinschaftsprojekt von Bundesregierung, Stadtregierung und Regierung des Bundeslandes Mexiko und schafft eine neue, effiziente und die Fahrkosten senkende Ergänzung des bislang unzureichenden Verkehrsnetzes. Solche Initiativen zeigen, dass die Regierungen begonnen haben, erfolgreich zusammenzuarbeiten. Sie stehen im Gegensatz zu vergangenen Maßnahmen, die an ihrer Einseitigkeit scheiterten, wie zum Beispiel die Mauer zur Eingrenzung des Stadtgebietes, die nur der Ausdehung der Häuser im Bundesbezirk, nicht aber derer im Bundesland Mexiko Einhalt gebot.

←

Armando Miguélez.
Ecumene Ciudad de México.
(Graphic / Gráfica / Grafik).

Patches

Given the chaotic growth of the city, most of its road infrastructure has been developed on the go, with no general planning project to follow. Many streets lack the basic elements required for safe transit, such as signs, lights, or barriers. As the irony that more people are run over on 'Pedestrians' Day' than any other indicates, the development of the road network has favored the private car, and paid little attention to the safety of pedestrians, let alone of disabled people.

One of the most notable causes of road infrastructure problems is the fact that public works are seen as campaign tools by the majority of politicians with the next elections in mind. As a result, projects carried out in previous electoral periods do not receive the necessary attention, and public works extending over more than a single term are not attractive. Such is the case of the Peripheral Ring Road (begun in the 1960s) and the Inner Ring Road (started in 1974), neither of which has been completed.

It must be acknowledged, however, that not all problems are a consequence of a lack of political will, but are also based on structural challenges the scope of which surpasses the budget of local authorities. New funding mechanisms in partnership with private enterprise are an emerging solution. However, in the past this has happened in a disorderly and dubious manner, as with the introduction of the 'microbuses', when a mafia network only partially solved the problem of public transport by permitting unsafe, polluting vehicles. More successful recent initiatives include the Metrobus or the suburban train, connecting the north- western metropolitan area with the city center. A notable campaign promoting civil awareness in the streets must be mentioned together with these projects, which needless to say are not entirely free of political opportunism.

The campus of the National University, which is almost a city in itself, has developed an effective model for the diversification of mobility, combining a frequent internal bus service with a free bicycle loan service, while the cars that choked its roads are now concentrated in car parks in the outskirts of the campus. Beyond the university, civil society and the city government are promoting the use of bicycles, organizing mass Sunday rides, races, and cultural events, with the hope of changing attitudes with regard to the fixation with cars.

←

Ana Lorena Ochoa.
(Photo / Foto).

•

Felipe Leal, Daniel Escotto, *et al.*
Mobility in University City.
(Project / Proyecto / Projekt).
P 256

•

Mauricio Rocha, Arturo Mera.
Milpa Alta:
San Pablo Oztotepec Market.
(Project / Proyecto / Projekt).
P 258

VINAGRE
DISCOS

Discontinuidades

A raíz del crecimiento descontrolado de la ciudad, la mayor parte de su estructura vial se ha ido desarrollando sobre la marcha, sin contar con un proyecto general de planificación. Muchas calles carecen de los elementos básicos para el desplazamiento seguro de los habitantes, como sistemas de señalización, luces y barreras. Además, como irónicamente lo demuestra el hecho de que el "día del peatón" mueran atropelladas más personas que en cualquier otra fecha, el desarrollo de la red vial le ha dado prioridad al automóvil privado, sin preocuparse por la seguridad de los peatones y mucho menos de las personas que tienen algún tipo de discapacidad.

Una de las causas más importantes de los problemas de infraestructura vial es el hecho de que las obras públicas son vistas por la mayoría de los gobernantes como medios de legitimación ante los grupos que los llevaron al poder o como campañas de proselitismo político con miras a las siguientes elecciones. Esto tiene como consecuencia que no se le dé mantenimiento adecuado a los proyectos realizados en épocas anteriores y a que las obras públicas cuya construcción abarque más de un periodo de gobierno no resulten atractivas. Tal es el caso del Anillo Periférico, cuya construcción se inició a principios de los sesenta, y del Circuito Interior cuyas obras comenzaron en 1974, ninguno de los cuales ha sido terminado.

Es necesario reconocer, sin embargo, que no todos los problemas se deben a la falta de voluntad política, sino a retos estructurales cuyo alcance rebasa los límites presupuestarios de las autoridades locales. Ello ha empujado a diseñar nuevos mecanismos de financiamiento a los que se ha incorporado la iniciativa privada. A menudo esto ha sucedido de manera desordenada y poco transparente, como ocurrió con la introducción de los microbuses, cuando una red de mafias dejó a medias la solución del problema del transporte público al permitir la circulación de unidades inseguras y contaminantes. Pero también ha habido una serie de iniciativas como el Metrobús que han resultado exitosas. Otro ejemplo es el tren suburbano, recientemente inaugurado, que conecta el noroeste del área metropolitana con el centro de la ciudad. A estos proyectos —no del todo libres de oportunismo político— se suma una notable campaña de concientización y promoción cívica en las calles.

El campus de la Universidad Nacional, que es casi una ciudad en sí misma, ha desarrollado un modelo efectivo de diversificación de la movilidad combinando un servicio frecuente de autobuses internos con el préstamo de bicicletas, mientras que los automóviles que antes atascaban sus calles se concentran en estacionamientos en las afueras del campus. Más allá de la universidad, tanto la sociedad civil como el gobierno de la ciudad han incentivado el uso de la bicicleta, organizando paseos masivos dominicales, carreras y eventos culturales con la esperanza de generar un verdadero cambio de actitud en los habitantes de la ciudad que permita revertir el uso abusivo del automóvil.

←

Comando Santa Lucía, 2008. (Video). **E4**

In Mexico City the bicycle is a work tool, a shop, a taxi, a pickup truck, a food stand — everything, paradoxically, except a means of solo transport for the inhabitants.

En la Ciudad de México la bicicleta es herramienta de trabajo, local comercial, taxi, pic-up, puesto de comida, todo excepto, paradójicamente, medio de transporte individual para los habitantes.

Das Fahrrad ist in Mexiko-Stadt Werkzeug, Ladengeschäft, Taxi, Pick-up, Essensstand, alles, nur widersprüchlicherweise kein Transportmittel für den Individualverkehr.

←

Mark Powell. (Photo / Foto).

TAXI

Flickwerk

←

Alfredo Cottin.
(Photo / Foto).

←

Víctor Mendiola.
(Photo / Foto).

↓

Citámbulos.
El camino a la sustentabilidad.
(Board game / Juego de mesa / Brettspiel).

Lack of continuity and congruence in transportation policies have turned the city's path towards sustainability into a game of contradictions.

La discontinuidad e incongruencia de las políticas públicas de transporte, ha convertido el camino hacia una urbe sustentable en un juego de contradicciones.

Fehlende Kontinuität und Mangel an Kongruenz in der Verkehrspolitik haben den Weg zur Nachhaltigkeit von Mexiko-Stadt zu einem widersprüchlichen Spiel werden lassen.

Aufgrund des unkontrollierten Wachstums der Stadt hat sich die Verkehrsstruktur in weiten Teilen ohne eine grundsätzliche Planung entwickelt. Zudem mangelt es in vielen Straßen an Verkehrsschildern, Straßenlaternen und Markierungen. Im bestehenden Verkehrsnetz wird dem PKW eindeutig der Vorrang gegeben, wie man ironischerweise daran sieht, dass am „Tag des Fußgängers" mehr Menschen von Autos überfahren werden als an jedem anderen Tag. Die Sicherheit von Fußgängern und erst recht von Menschen mit Behinderungen wird kaum oder gar nicht berücksichtigt.

Zu einem großen Teil sind die Infrastrukturprobleme darauf zurückzuführen, dass für viele Politiker öffentliche Bauten reine Prestigeobjekte sind, die der eigenen politischen Legitimation und als Wahlkampagne dienen. Aus diesem Grund werden die in vergangenen Regierungszeiten entstandenen Projekte nicht ausreichend instand gehalten, und Bauarbeiten, deren Umsetzung mehr als eine Regierungsperiode erfordert, sind wenig attraktiv. Ein Beispiel dafür ist die äußere und die innere Ringautobahn, die beide bislang unvollendet sind.

Allerdings muss man einräumen, dass nicht alle diese Probleme fehlendem politischen Willen zuzuschreiben, sondern teilweise auch strukturell begründet sind, da das finanzielle Ausmaß notwendiger Projekte häufig das Budget der Behörden überschreitet. Das hat dazu geführt, dass neue Finanzierungsmodelle eingeführt wurden, die vermehrt privates Kapital miteinbeziehen. Oft ist das allerdings in ungeordneter und wenig transparenter Form vor sich gegangen, zum Beispiel bei der Einführung der privatwirtschaftlich operierenden Kleinbusse, die mit hohem Schadstoffausstoß und Sicherheitsmankos die Anforderungen an den öffentlichen Nahverkehr nur ungenügend erfüllen. Aber es hat auch schon einige erfolgreiche Initiativen gegeben, wie etwa die Einführung des Metrobusses im Jahr 2005. Ein weiteres Beispiel ist die vor Kurzem eingeweihte Stadtbahnlinie, die den Nordwesten des Ballungsraums an das Stadtzentrum anbindet. Diesen Projekten — die freilich nicht vollkommen frei sind von politischem Opportunismus — sind zudem Straßenkampagnen zur Förderung von mehr bürgerlicher Verantwortung hinzuzufügen.

Der Campus der nationalen Universität UNAM hat ein effektives Modell zur Nutzung verschiedener Fortbewegungsmittel eingeführt, in dem der Einsatz von Bussen mit dem Verleih von Fahrrädern kombiniert wurde. Die Autos, die früher die Straßen verstopften, bleiben heute auf den Parkplätzen außerhalb des Campus stehen. Auch außerhalb der Universität werben Bürgerinitiativen und die Stadtverwaltung durch große sonntägliche Fahrradtouren auf dem Paseo de la Reforma für den Gebrauch des Fahrrads, in der Hoffnung, eine Alternative zur Autokultur anzustoßen.

Onology

An ONO (*Objeto No Olvidable*, or Unforgettable Object) is a hindrance in the public highway, characterized by its lack of function, its location, and its material. They are rods, screws, bolts, and metal plates on pavements and pedestrian areas that serve no purpose and that obstruct the paths of pedestrians, who will not easily forget their encounters with them. Hence their name.

ONOs are usually inserted in the ground, making their total extrication difficult, though in some cases they are used as anchors for the temporary constructions of the street vendors or as niches for wild plants. Recent evidence also indicates some people actually use them to create their own tiny gardens. In the best cases, when they have been skillfully created, they are metal handicrafts, like some sort of piercing, adorning the concrete pavement.

The great variety of these objects is on display at every corner, allowing identification of whole families and species of ONOs making up a highly creative universe. They take so many forms that they may be categorized according to their aesthetic qualities — what would be your taxONOmy?

Onology classifies them as active or wild, passive or integrated, depending on the degree of danger they represent or their level of integration into their surroundings. However, some experts have ventured a distinction between first and second generation ONOs, that is, between those that were created when a job, for which they were meant to be the base, was left unfinished (a post, a column, a traffic light), and those which were formed when someone tried — unsuccessfully — to remove an object from the pavement (a sign, a stall, a pipe).

Apart from revealing the attitude towards their work of those in charge of the urban infrastructure, the ONOs are living proof of a scam: a job that was never carried out or, in the best of cases, was finished badly. However, they are not only found in developing countries. Experts in the field have discovered ONOs in cities renowned for their beauty and urban orderliness. While research on their nature advances, pedestrians have to get used to walking among these objects, the products of both irresponsibility and involuntary humor.

←

Gabriel Rodríguez.
(Photo / Foto).

Onología

Un ONO (Objeto No Olvidable) es un estorbo en la vía pública que se distingue por su disfunción, ubicación o sustancia. Son clavos, tornillos, tuercas, varillas y láminas que no cumplen ninguna función en las banquetas y zonas peatonales y que, además, dificultan el paso de los transeúntes, los cuales no olvidarán fácilmente su encuentro con ellos. De ahí su nombre.

Los ONO's generalmente están clavados en el suelo, lo que dificulta su extracción total, pero en algunos casos se aprovechan como punto de apoyo para las construcciones efímeras del comercio ambulante o como espacio para el crecimiento de hierbas silvestres, aunque se ha documentado que algunas personas los utilizan para hacer pequeños jardines. En los mejores casos, se convierten en artesanías de la metalurgia que aportan belleza a los *piercings* del concreto.

La variedad de estos objetos se expresa en cada esquina y es posible reconocer familias y especies de ONO's que integran un universo muy creativo. Son tan poliformes que pueden clasificarse por sus cualidades estéticas. ¿Cuál sería tu taxONOmía?

La onología los clasifica entre activos o salvajes y pasivos o integrados, dependiendo del grado de peligrosidad o del nivel de integración a su entorno. Sin embargo, algunos especialistas se han aventurado a hacer una distinción entre ONO's de primera y de segunda generación, es decir, entre los que se crearon al quedar inconclusa la obra a la que estaban destinados (un poste, una columna, un semáforo) y aquellos a los que se quiso arrancar, sin éxito, del pavimento (una caseta, una señal, un tubo).

Además de evidenciar el *laissez-faire* de los encargados de la infraestructura urbana, los ONO's son la prueba de un fraude, de un trabajo que nunca se terminó o, en el mejor de los casos, que se terminó mal. Sin embargo, no sólo se encuentran en países del tercer mundo. Expertos onólogos han hallado ONO's en ciudades famosas por su belleza y pulcritud urbana. Mientras avanzan los estudios sobre su naturaleza, los peatones se acostumbran a circular entre estos objetos, productos de la irresponsabilidad y del humor involuntario.

←

Lucy Roberts.
(Sculptures / Esculturas / Skulpturen).

Replicas of Mexican ONOs, created in Berlin.

Réplicas de ONO's mexicanos elaborados en Berlín.

Nachbildungen von mexikanischen ONOs in Berlin.

No. 0622
Name / Nombre: Fungor cornudus
Location / Lugar del hallazgo / Fundort: Cuauhtémoc
Date / Fecha / Datum: 8 Februar 2008

No. 0098
Name / Nombre: Octopus Magnus
Location / Lugar del hallazgo / Fundort: Miguel Ángel de Quevedo
Date / Fecha / Datum: 6 February 2008

No. 0589
Name / Nombre: Cuadratus alacer
Location / Lugar del hallazgo / Fundort: Metro Chapultepec
Date / Fecha / Datum: 25 Januar 2008

No. 0756
Name / Nombre: Angulus mirabilis
Location / Lugar del hallazgo / Fundort: Avenida Reforma
Date / Fecha / Datum: 21 Mai 2008

Onologie

Ein ONO (*Objeto No Olvidable*, „unvergessliches Objekt“) ist ein Hindernis auf öffentlicher Straße, das durch seine störende Lage, seine Funktionslosigkeit oder durch sein Material auffällt. In Mexiko-Stadt sind es beispielsweise Schrauben, Muttern, Eisenstangen und Bleche, die auf Bürgersteigen und in Fußgängerzonen keinerlei Funktion haben, aber den Fluss der Fußgänger behindern und so zu unvergesslichen Begegnungen führen, von denen sie ihren Namen erhalten haben.

Normalerweise sind ONOs fest im Boden verankert und daher schwer zu entfernen. In manchen Fällen werden sie als Hilfskonstruktion für die kurzlebigen Bauten des Straßenhandels verwendet oder sie bieten Lebensraum für Unkraut. Allerdings wurde auch schon beobachtet, dass manche Menschen sie zur Anlage kleiner Gärten nutzen. In den besten Fällen werden sie, geschickt geformt, zu Kunstwerken der Metallverarbeitung, die wie Piercings dem Beton zu mehr Schönheit verhelfen.

Die Vielfalt der ONOs ist an jeder Straßenecke sichtbar, und man kann ganze Artenfamilien von ihnen ausmachen, die ein höchst kreatives Universum bilden, das nach ästhetischen Eigenschaften in die TaxONOmie eingeordnet werden kann. Welches wäre Ihre Einteilung?

Die Onologie teilt die unvergesslichen Objekte in aktive oder wilde und passive oder integrierte Exemplare ein, je nachdem wie gefährlich sie sind oder wie sie in ihr Umfeld eingepasst sind. Einige Experten unterscheiden darüber hinaus zwischen ONOs erster und zweiter Generation, das heißt zwischen denen, die entstanden sind, weil der Bau, für den sie vorgesehen waren, unvollendet blieb (ein Pfosten, eine Säule, eine Ampel) und denen, die aus dem Asphalt ausgerissen werden sollten, was aber nicht vollständig funktioniert hat (Pförtnerhäuschen in Privatstraßen, Verkehrszeichen, Rohre).

ONOs verdeutlichen daher nicht nur das laissez-faire des Straßenbauamtes, sondern sie sind auch das Beweismittel für einen Betrug: für eine Arbeit, die nie oder im besten Fall schlecht ausgeführt wurde. Trotzdem findet man sie nicht nur in Entwicklungsländern. Erfahrene Onologen haben an Orten, die für ihre Schönheit oder für ihre städtische Sorgfalt berühmt sind, ONOs gefunden, wenn auch in deutlich geringerem Umfang. Während die Studien über ihr Wesen voranschreiten, gewöhnen sich die Fußgänger daran, sich zwischen diesen Objekten, Produkten von Verantwortungslosigkeit und unfreiwilligem Humor, hindurch zu schlängeln.

←

Various / Varios / Verschiedene.
Onoteca,
since / desde / seit 2006.
Coordination by / Coordinación de / Koordination durch Jinetes Sampleadores de Imágenes, Citámbulos.
(Photo / Foto).

ONOs sent from all over the world to the Onoteca, an ONO observation platform.

ONO's enviados a la onoteca, plataforma de observación de ONO's de todo el mundo.

ONOs aus der Onothek, einer weltweiten Plattform zur Beobachtung von ONOs.

Please contribute and send your ONOs to / favor de contribuir y enviar sus ONO's a / Bitte machen Sie mit und schicken Sie ihre ONOs an:

onocontacto@gmail.com
www.onoteca.blogspot.com

Belly Button

←

Víctor Mendiola.
(Photo / Foto).

•

Manuel Rocha Iturbide (Curator / Curador / Kurator).
Mario Mota, Manuel Rocha Iturbide, Jorge Reyes, Lidia Camacho, Peter Avar.
Paisaje sonoro del Centro Histórico, 2008.
(Soundscape / Paisaje sonoro / Klanglandschaft). E6

The Zócalo sings: a street vendor sells imitation jewelry for 3 pesos, the neo-Aztecs dance in the navel of the world, and the subway throws out possible and impossible characters... in order to listen the voice of Mexico City, one must start here.

El Zócalo canta: un vendedor ambulante vende fantasía de a 3 pesos, los neo-aztecas bailan en el ombligo del mundo y el metro expulsa personajes posibles e imposibles... para escuchar la voz de la Ciudad de México, hay que empezar por aquí.

Der Zócalo singt: ein Händler bietet Schmuck zu drei Pesos an, Neo-Azteken tanzen auf dem Nabel des Universums, und die U-Bahn spuckt alle möglichen und unmöglichen Typen aus... Wenn man die Stimme von Mexiko-Stadt hören will, muss man hier anfangen.

Since its foundation in 1325, Mexico City has always been the capital. During the pre-Hispanic era, Mexico-Tenochtitlan established itself as the heart of the Aztec empire. After its subjugation in 1521 at the hands of Hernán Cortés, "the very Noble, Distinguished and very Loyal and Imperial Mexico City" became the capital of the Viceroyalty of New Spain, and in 1821, capital of the independent Republic of Mexico.

For more than seven centuries, Mexico City has been the center of economic activity and the political heart of the country, as well as having the greater part of the cultural infrastructure concentrated in it. Though Mexico has been a federation since independence, in practice everything revolves around this city, which is not only the capital, but also the great office, the great market, the great stage and the great arena. At least in principle, each of the problems affecting the nation as a whole are solved here; any type of goods can be found here and the best educational and health services are established here. Civil and religious celebrations take place here, as do the battles that define the direction the country will take. This centralism has, however, been slightly diminished in recent years thanks to the greater prominence of other cities such as Guadalajara and Monterrey.

The Plaza de la Constitución — known as the 'Zócalo' — is the Great Plaza of the city. It occupies a privileged space in the Mexican collective imagination, as a kind of aleph which symbolically enshrines the entire history of the country. Buildings representing the different estates of power surround the plaza: the Cathedral, the National Palace — previously, the palace of the Aztec Emperor and later, of the Viceroy —, the Supreme Court of Justice, and the Government of the Federal District. During the 1950s, the Zócalo was the stage for the social struggle of railway workers and teachers from all over Mexico. In 1968, the student movement took over the plaza, recovering its role as a space for civilian protest. In 2001, the Zapatista march beginning in the south of the country ended in the Zocalo, and five years later, the plaza was also the last and most important station of a three-month street occupation that extended over 12 kilometers (along Reforma Avenue), in protest against the results of the 2006 presidential elections.

The Zócalo is a place for commemorating and negotiating; it is a public square, recreational space, crossing point for daily journeys. Yet above all, it is the stage where all the causes from the interior of the country come to demonstrate and demand solutions. It is usual, however, that the claims of those who come here are ignored: the National Palace, official headquarters of the Executive Power, is mostly empty. Since 1935, the president has lived in Los Pinos, surrounded by the woods of Chapultepec Park in a residence that is safely isolated from the world outside.

Here is the navel of the world, here Tenochtitlan fell, it is here that the Spanish raised the new city with the rubble from the temples. To this day, the Zócalo is the site where the absence will always be present… → The Zócalo itself is an urban exception: 200 by 200 metres of concrete slabs with nowhere to hide, nowhere to sit down. The only refuge from the sun is in the narrow line of shadow drawn by the enormous flagpole, which rises 60 metres into the sky… → Whoever has something to say and not just to sell, does it here simply by placing themselves in the plaza. The body, the physical presence, is the message.

Aquí está el ombligo del mundo, aquí cayó Tenochtitlan, aquí construyeron los españoles con los escombros de los templos su nueva ciudad. Desde entonces hasta hoy, el Zócalo es un lugar donde lo ausente siempre está presente… → El Zócalo es, en sí, un estado de excepción urbano: 200 x 200 metros cubiertos por nada más que placas de concreto, ningún espacio que invite a permanecer ahí, ningún lugar para sentarse. Para refugiarse del sol, sólo se cuenta con la delgada línea de sombra que dibuja el enorme asta de bandera que se alza 60 metros hacia el cielo… → Quien tiene algo que decir —y no sólo que vender—, lo hace simplemente colocándose aquí. El cuerpo, la presencia física, es el mensaje.

Hier ist der Bauchnabel der Welt, el ombligo, hier fiel Tenochtitlán, hier bauten die Spanier aus Tempeltrümmern ihre neue Stadt. Bis heute ist der Zócalo ein Ort, an dem das Abwesende immer anwesend ist… → Der Zócalo ist an sich schon ein urbaner Ausnahmezustand: 200 mal 200 Meter nackte Betonplatten, kein Ort zum Verweilen, keine Sitzgelegenheit nirgendwo. Vor der Sonne schützen kann man sich nur im schmalen Schatten des gewaltigen Fahnenmastes, der 60 Meter in den Himmel ragt… → Wer etwas zu sagen und nicht nur zu verkaufen hat, tut das schon, indem er sich hier platziert. Der Körper, die physische Präsenz, ist die Message.

Estación central

Desde su fundación en 1325, la Ciudad de México nació como ciudad capital. Durante la época prehispánica, México-Tenochtitlan se consolidó como el corazón del imperio azteca. Después de su sometimiento en 1521 por Hernán Cortés, "La muy Noble, Insigne y muy Leal e Imperial Ciudad de México" se convirtió en la capital del virreinato de la Nueva España y, en 1821, en la de la República Mexicana independiente.

La Ciudad de México ha sido por más de siete siglos el centro de las actividades económicas y el corazón político del país, además de que en ella se concentra la mayor parte de la infraestructura cultural. A pesar de que México es un país federal desde su independencia, en la práctica todo gira alrededor de esta urbe que no es sólo la ciudad-capital, sino la gran oficina, el gran mercado, el gran escenario y la gran arena. Aquí, al menos en principio, se resuelven cada uno de los problemas que aquejan a la población nacional, se encuentra cualquier tipo de mercancía y se tiene acceso a los mejores servicios educativos y de salud, se celebran las fiestas civiles y religiosas más importantes y se entablan las batallas que definen el rumbo del país. Sin embargo, este centralismo ha comenzado a mitigarse en los últimos años gracias a un mayor protagonismo de otras ciudades como Guadalajara y Monterrey.

La Plaza de la Constitución —conocida como Zócalo— es la plaza mayor de la ciudad. Si ocupa un lugar privilegiado en el imaginario colectivo nacional se debe a que compone una especie de aleph en el que se concentra simbólicamente toda la historia del país, incluyendo la no oficial. En sus alrededores se edificaron las sedes de los grupos de poder: la catedral, el Palacio Nacional —antes el palacio del emperador azteca y más tarde, el del virrey—, la Suprema Corte de Justicia y el antiguo Palacio del Ayuntamiento, sede del Gobierno del Distrito Federal. En los años cincuenta, el Zócalo fue el escenario de la lucha social de los ferrocarrileros y de los maestros de todo el país. En 1968, el movimiento estudiantil tomó la plaza, reivindicando su papel como espacio de protesta ciudadana. En el Zócalo desembocó la marcha zapatista de 2001 y, cinco años más tarde, la plaza también fue la última y más importante estación de un plantón que se extendió a lo largo de 12 kilómetros del Paseo de la Reforma como protesta ante el resultado de las elecciones presidenciales de 2006.

El Zócalo es lugar de conmemoraciones, negociaciones, plaza pública, espacio de recreación, crucero de trayectos cotidianos, pero principalmente es el escenario donde se manifiestan todas las causas que vienen desde el interior del país en búsqueda de soluciones. Es común, sin embargo, que las demandas de quienes llegan hasta aquí no sean atendidas: el Palacio Nacional, sede oficial del Poder Ejecutivo, está la mayor parte del tiempo vacío. El presidente despacha desde 1935 en Los Pinos, una residencia que, al estar rodeada por el Bosque de Chapultepec y el Periférico, está aislada del exterior.

←

Anne Huffschmid.
(Text / Texto).

←

Ulrike Stehlik.
(Photo / Foto).

Weltnabel

Seit ihrer Gründung 1325 ist Mexiko-Stadt eine Hauptstadt. In der prähispanischen Zeit konsolidierte sich México-Tenochtitlán als das Herz des Aztekenreiches. Mit ihrer Unterwerfung durch Hernán Cortés im Jahre 1521 verwandelte sich die „sehr noble, erlauchte und sehr loyale und imperiale Stadt von Mexiko" in die Hauptstadt des Vizekönigreiches Neuspanien und im Jahre 1821 in die der unabhängigen mexikanischen Republik.

Seit sieben Jahrhunderten ist Mexiko-Stadt das Zentrum der wirtschaftlichen Aktivitäten und das politische Herz des Landes, aber auch das Zentrum der kulturellen Infrastruktur. Und obwohl Mexiko seit seiner Unabhängigkeit ein föderalistisches Land ist, dreht sich auch seitdem in der Praxis alles um diese Metropole, die nicht nur Hauptstadt, sondern auch Büro, Markt, Bühne und Arena der Nation ist. Hier befinden sich die mit Abstand besten Bildungs- und Gesundheitseinrichtungen des Landes. Hier werden die wichtigsten weltlichen und religiösen Feste gefeiert und die politischen Schlachten geschlagen, die den Kurs der Republik bestimmen. Seit den 1980er/1990er Jahren wird der extreme Zentralismus allerdings ein wenig abgeschwächt, da andere Städte wie Monterrey, Guadalajara und die Städte an der US-amerikanischen Grenze mehr in den Vordergrund treten.

Die Plaza de la Constitución, bekannt als Zócalo, ist der größte Platz der Stadt. Dieser Platz spielt in der kollektiven Vorstellungswelt der Nation eine sehr wichtige Rolle, da in ihm symbolisch die Geschichte des Landes zusammenläuft. Um diesen Platz herum wurde der Sitz der Mächtigen errichtet: die Kathedrale, der Nationalpalast — früher der Palast des Aztekenherrschers und später der des Vizekönigs —, der Oberste Gerichtshof und die Regierung des Bundesbezirks. In den 1950er Jahren war der Zócalo Schauplatz des sozialen Kampfes von Bahnarbeitern und Lehrern aus dem ganzen Land, und 1968 wurde er von der Studentenbewegung eingenommen — das verheerende Massaker aber, das die Bewegung traf, fand auf dem Platz von Tlatelolco statt, einige Kilometer weiter nördlich —. Immer wieder diente der Platz als Forum für den Protest der Zivilgesellschaft. Hierher führte der Marsch der Zapatisten 2001, und fünf Jahre später war der Platz die letzte und wichtigste Station einer großen Blockade, durch die, als Protest gegen das Ergebnis der Präsidentschaftswahlen von 2006, die Verkehrsachse Paseo de la Reforma in einem Abschnitt von zwölf Kilometern über Monate stillgelegt wurde.

Der Zócalo ist Schauplatz und Verhandlungsort. Er ist Freiraum und Kreuzungspunkt im täglichen Leben; vor allem aber ist er die Bühne derer, die aus dem ganzen Land kommen, um sich zu beschweren. Ihre Forderungen werden jedoch meistens nicht gehört: Der Nationalpalast, offizieller Sitz der Exekutive, steht leer. Seit 1935 residiert der Präsident in seinem Amtssitz Los Pinos, der vom Chapultepec-Park und der äußeren Ringautobahn umgeben und von der Außenwelt abgeschirmt ist.

←

Pavka Segura. (Photo / Foto).

Multi-purpose

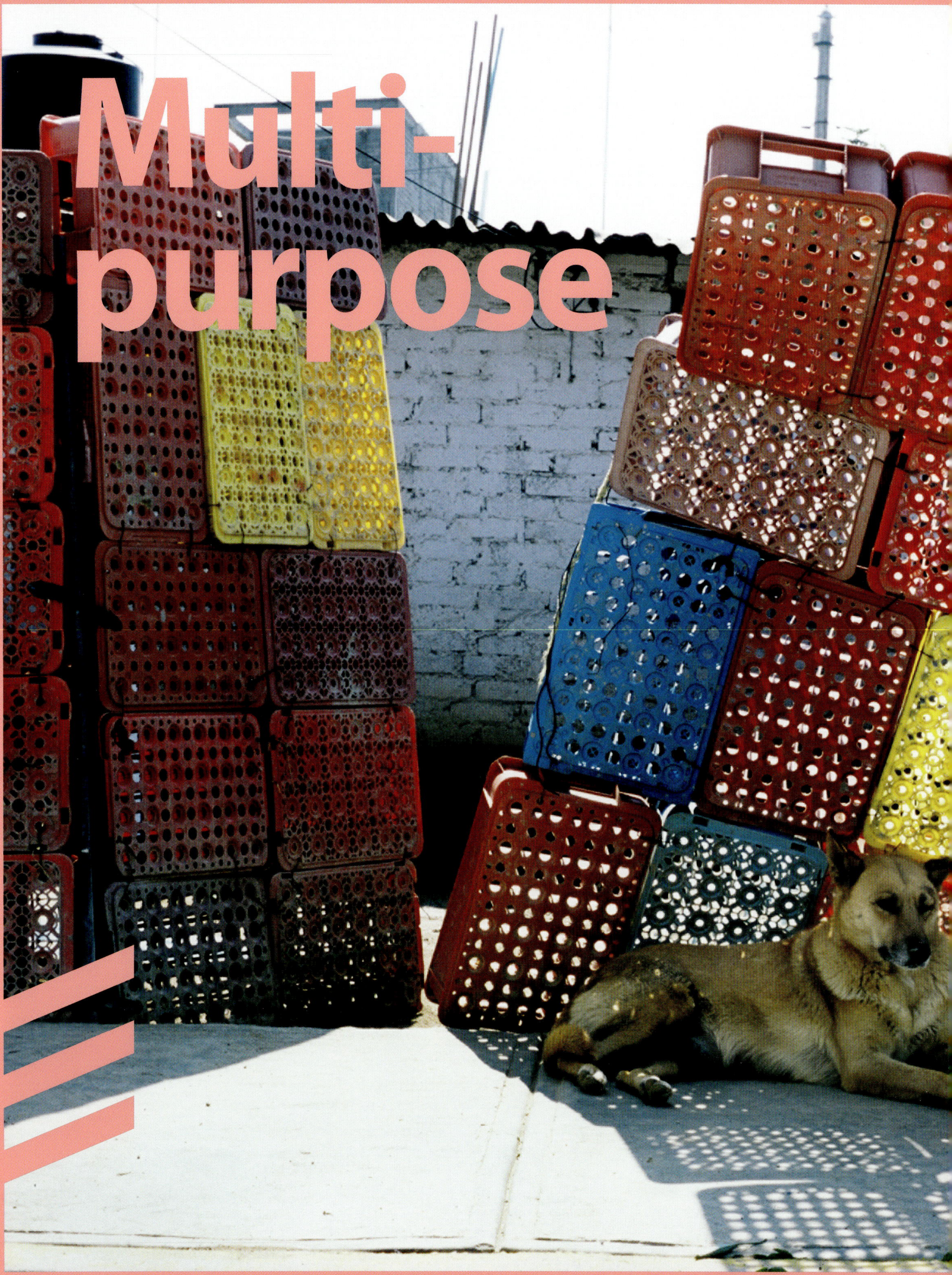

Throughout the twentieth century Mexico City underwent a process of excessive concentration of commerce and state industries, which for several decades made it the economic center of the country. The financial crises of the 1980s and subsequent economic restructuring reduced the proportion contributed by the capital city to national income for the first time. Many industries moved to other areas of the country and the city began its transition towards a center for service industries. Later on, with the influence of globalization, the city was able to recover its dynamism and reconsolidate its financial power based on the mediation between national production and global trade. The impact of the adjustments were still felt very strongly at a local level. In 1998 the GDP per capita fell by 20%. Unemployment and low salaries forced many to diversify their sources of income, which meant that informal activities multiplied exponentially. The city and its inhabitants became *multi-purpose.* → However, what was born as a response to the crisis today forms an essential part of the economic metabolism of the city and its relationship with the world. Although informality is most evident in activities such as street trading, there are many sectors of the economy, including the avalanche of imports, where the boundary between the formal and the informal is undefined. Sometimes this even reaches a point that suggests that the two sides share a symbiotic relationship. This is why it sometimes seems that rather than doing away with informal economic activity altogether, the true challenge this city faces is one of mitigating its negative effects — above all the social and spatial ones.

Milusos → A lo largo del siglo XX la Ciudad de México fue protagonista de un proceso de superconcentración del comercio y de la industria nacional que la mantuvo por varias décadas como el centro económico del país. Las crisis de los años ochenta y la reestructuración que comenzó entonces menguaron por primera vez la aportación de la capital a la riqueza nacional. Muchas industrias se trasladaron a otras zonas del país y la ciudad comenzó su transformación para convertirse en un centro de servicios. Más tarde, ya en el contexto de la globalización, la ciudad logró recuperar su dinamismo y consolidar nuevamente su poder económico al convertirse en la mediadora entre la producción nacional y el mercado global. Aun así, el impacto de los ajustes se sintió localmente con mucha fuerza: en 1998 el Producto Interno Bruto per cápita cayó 20 %. El desempleo y los bajos salarios obligaron a muchos a diversificar sus fuentes de ingresos, con lo que las actividades informales se multiplicaron exponencialmente: la ciudad y un alto porcentaje de sus habitantes se volvieron milusos. → Hoy, eso que nació como una respuesta a las crisis, forma parte esencial del metabolismo económico de la ciudad y de sus relaciones con el mundo. Aunque la informalidad es obvia en actividades como el comercio callejero, existe una difusa frontera entre lo formal y lo informal en muchos otros eslabones de la economía, incluido el de la avalancha de las importaciones. A veces hasta el grado de mostrar que más allá de su antagonismo, existe entre estos dos ámbitos una relación simbiótica. Es por ello que, en vez de exterminar las actividades informales, el verdadero desafío que enfrenta esta urbe es amortiguar sus efectos negativos, sobre todo los sociales y espaciales.

Mehrzweck → Im 20. Jahrhundert bildete Mexiko-Stadt das dominierende Wirtschaftszentrum des Landes. Mit der Krise der 80er Jahre aber wurde der wirtschaftliche Beitrag der Hauptstadt zum ersten Mal geringer. Viele Industrien wanderten ab, sodass die Stadt sich radikal zu verändern begann und zu einem Dienstleistungszentrum wurde. Später, im Kontext der Globalisierung, konnte die Stadt ihre Dynamik und wirtschaftliche Macht wiedergewinnen, da sie zum Vermittler zwischen der nationalen Produktion und dem Weltmarkt wurde. Dennoch waren die Auswirkungen der Strukturanpassung sehr stark zu spüren: 1998 sank der Anteil der Stadt am BIP um 20 Prozent. Arbeitslosigkeit und niedrige Löhne zwangen viele dazu, neue Einnahmequellen zu finden, wodurch sich die informelle Beschäftigung schlagartig erhöhte: Die Stadt und ein großer Teil ihrer Einwohner gewöhnten sich an ein „vielseitig verwendbares" Dasein im „Mehrzweck". → Heute gehört das, was ursprünglich eine Reaktion auf die Krise war, untrennbar zum wirtschaftlichen Funktionieren der Stadt. Beim Straßenhandel wird diese Informalität besonders deutlich, aber man findet sie auch in vielen anderen Wirtschaftsbereichen, unter anderem in der Importlawine von Billigprodukten, wo die Abgrenzung zwischen dem Formellen und dem Informellen diffus ist: Die beiden Bereiche bilden zwar Gegensätze, stehen aber in einer symbiotischen Beziehung zueinander. Deswegen besteht die tatsächliche Herausforderung nicht etwa darin, informelle Beschäftigung abzuschaffen, sondern darin, ihre gesellschaftlich und stadträumlich negativen Auswirkungen zu dämpfen.

Nuances

For every city in the world, business started in the streets, but only in some has it remained in the streets as an essential part of everyday life. In the case of Mexico City, beyond traditional open-air markets, which date back to pre-Hispanic times, street trading has taken on the most diverse forms: markets on wheels, cars with photocopying machines in the trunk, mobile coffee shops, baskets of tacos on bicycles, etc.

With more flexible hours than other jobs, and with the possibility of starting a family business that gradually becomes more established, street trading represents for many access to a better quality of life than that they could ever aspire to with a poorly-paid formal job. For many women it also means the opportunity for financial independence, without having to give up care of the home.

Besides its deep cultural roots and its role as an escape from unemployment, street trading has also long been a source of votes for political parties. The exchange of tolerance for political loyalty — a patronage system practiced by the local authorities during the financial crises that affected the country from 1982 to 1997 — is one of the main causes of the surge in street commerce, mainly in the city center. This expansion is also a by-product of globalization: the opening-up of trade and disloyal competition means the products of US-registered companies based in Asia are re-labelled in the US, and enter untaxed into Mexico where, given their low cost, they sell heavily in the network of street markets. On the other hand, the mass production of cheap trinkets in China, together with deficiencies in import controls (such as corruption), have allowed the streets to be filled with poor-quality goods. Additionally, Mexico is in third place, after China and Russia, in the world rankings for pirated goods. It is worth noting that the social function of junk products and of imitations is not the same. While the former satisfy a continuous thirst for consumerism, and have a short life, piracy allows those with limited disposable income to buy 'branded' goods, as well as cultural products (such as DVDs), authentic versions of which have become luxury items, even for the middle classes.

Despite effectively evading tax, the profits of street business, like migrants' remittances, prevent the stagnation of the formal economy, since street traders are also consumers of products on which tax is paid. Another contradiction is found in the fact that street markets are both a physical obstruction and a place of social encounter. The complexities surrounding their negative and positive aspects and the need to find more sophisticated ways to regulate them are evident.

←

Daniela Unger.
(Photo / Foto).

A street vendor sheltering from the rain.

Vendedora ambulante protegiéndose de la lluvia.

Straßenverkäuferin, die sich vor dem Regen schützt.

•

Mauricio Rocha, Arturo Mera.
Milpa Alta:
San Pablo Oztotepec Market.
(Project / Proyecto / Projekt).
P 258

TAXI

Matices

En todas las ciudades del mundo el comercio ha tenido su origen en la vía pública, pero sólo en algunas ha permanecido en las calles como parte esencial de la vida cotidiana. En el caso particular de la Ciudad de México, más allá del tradicional tianguis —que se remonta a la época prehispánica—, la venta callejera ha encontrado las más diversas modalidades: mercados sobre ruedas, automóviles con fotocopiadoras en la cajuela, cafeterías ambulantes y canastas de tacos en bicicletas.

Con una mayor flexibilidad de horario que la que ofrecen otros trabajos y con la opción de establecer un negocio familiar que se consolide poco a poco, el comercio callejero representa para muchos habitantes el acceso a una calidad de vida superior a la que podrían tener si se emplearan formalmente. Para muchas mujeres significa, además, la oportunidad de obtener independencia económica sin renunciar a la atención de sus hogares.

Sin embargo, más allá de estar arraigado culturalmente y de presentar una válvula de escape frente al problema del desempleo en la ciudad, el comercio callejero ha sido también fuente de votos para los partidos políticos. El intercambio de tolerancia por lealtad política —un clientelismo practicado por las autoridades locales durante las crisis económicas que vivió el país entre 1982 y 1997— ha sido una de las principales causas del desbordamiento del comercio en las calles, sobre todo en el centro de la ciudad, aunque no la única. Dicha expansión también es producto de la globalización: la apertura comercial y la competencia desleal han hecho que productos de empresas norteamericanas establecidas en Asia se reetiqueten en Estados Unidos y entren libremente a México donde, dado sus bajos costos, encuentran importantes puntos de venta en la red de comercio callejero. Por otro lado, la producción masiva de baratijas en China, sumada a las deficiencias en el sistema de control de las importaciones —incluida la corrupción aduanera , han hecho que las calles se inunden de productos chatarra. México ocupa, además, el tercer lugar en piratería, después de China y Rusia. Sin embargo, la función social de los productos chatarra y de las imitaciones no es la misma. Mientras los primeros satisfacen un sed de consumo continuo y caducan rápidamente, la piratería permite a sectores de poder adquisitivo bajo o medio consumir "marcas", pero también productos culturales, como las películas, que en sus presentaciones originales se han convertido en artículos de lujo incluso para la clase media.

A pesar de la evasión de impuestos en la que incurren los negocios callejeros, sus ganancias, como las remesas de los migrantes, ayudan a que la economía formal no se estanque, porque los vendedores ambulantes son también consumidores de productos que pagan impuestos. Esto, junto con la contradicción que representa que el comercio callejero sea simultáneamente obstrucción de la vía pública y punto de encuentro de los habitantes, es una clara muestra del complejo entramado de sus impactos negativos y positivos, por lo que su regulación exige alternativas integrales.

←

Héctor Zubieta, Sputnik Studios, Citámbulos, 2008. (Comic strip / Cómic).

Led by whims through and through, Mexico City's inhabitants both endure and celebrate en enormous amount of commerce in the streets, reconstructing the memory of the city through its smells, tastes and sounds.

Antojadizos hasta la médula, los habitantes de la Ciudad de México padecen y celebran una parte importante del comercio en las calles, reconstruyendo a través de los olores, sabores y ruidos la memoria de la urbe.

Als ausgesprochene Feinschmecker erleiden und erfreuen sich die Bewohner von Mexiko-Stadt am großen Angebot an Straßenständen. Gerüche, Geschmackserlebnisse und Geräusche transportieren Erinnerungen und sind dadurch Teil des kollektiven städtischen Gedächtnisses.

TOY STORY 2
The JUSTICE SOCIETY of AMERICA

Helldunkel

←

Benjamín Alcántara.
Falsificaciones auténticas, 2008.
(Video). **F1**

The pirated goods are not only a means of survival for some, but also a way for those with little disposable income to become consumers.

La piratería no sólo es una forma de sobrevivencia, sino también una oferta de consumo para los sectores de bajo poder adquisitivo.

Die Produktpiraterie ist nicht nur eine Form des Überlebens sondern auch Konsumzugang für Kaufschwache.

←

Dante Busquets.
(Photo / Foto).

↓

Benjamín Alcántara,
Citámbulos.
Kit vendedor ambulante, 2008.
(Object / Objeto / Objekt).

In Mexiko-Stadt ist der Straßenhandel grundlegender Bestandteil des täglichen Lebens. Jenseits des traditionellen *tianguis,* des Straßenmarkts, der auf vorspanische Zeiten zurückgeht, hat der Handel hier die verschiedensten Daseinsformen gefunden: in Einkaufswagen improvisierte Verkaufsstände, Autos mit Kopiergeräten im Kofferraum, Ein-Mann-Cafeterien und Tacokörbe auf Fahrrädern...

Der Straßenhandel ist für viele eine attraktive Arbeitsmöglichkeit, da man zeitlich flexibel ist, in vielen Fällen eine höhere Lebensqualität erreichen kann als mit einer formellen Anstellung, und viele Frauen außerdem die Möglichkeit finden, finanziell unabhängig zu werden, ohne dabei ihren Haushalt gänzlich aufgeben zu müssen.

Zusätzlich zu seiner kulturellen Verwurzelung und seiner Funktion als Ventil für das Problem der Arbeitslosigkeit, hat der Straßenhandel auch den politischen Parteien immer wieder Stimmen eingebracht: Während der Wirtschaftskrisen von 1982 und 1997 war es bei den lokalen Behörden eine gängige Praxis, Toleranz gegenüber den Straßenhändlern im Austausch gegen parteipolitische Loyalität walten zu lassen, sodass sich in dieser Zeit der Handel massiv auf den Straßen, vor allem in der Altstadt, ausbreitete. Die Ausweitung des Straßenhandels ist aber auch ein Ergebnis der Globalisierung. In Asien hergestellte Produkte werden in den USA umetikettiert und gelangen dann, infolge des NAFTA-Freihandelsabkommens, problemlos nach Mexiko. Dort finden sie dank ihrer niedrigen Preise im Netz des Straßenhandels großen Absatz. Aber auch durch den Direktimport werden die Straßen von chinesischen Billigprodukten überschwemmt, und Mexiko hält, nach China und Russland, den weltweit dritten Platz in puncto Produktpiraterie. Die gesellschaftliche Funktion der Billigprodukte und der Fälschungen ist aber nicht dieselbe: Während erstere nur den permanenten Konsumdurst stillen, ermöglichen letztere finanzschwachen Konsumenten die Anschaffung von kulturellen Produkten wie Filmen, die in der Originalversion heute sogar für den mexikanischen Mittelstand zu Luxusgütern geworden sind.

Obwohl im Straßenhandel Steuern hinterzogen werden, tragen seine Gewinne, genauso wie die Geldsendungen der Migranten, dazu bei, dass die Wirtschaft nicht stagniert, denn die Straßenhändler konsumieren auch regulär besteuerte Produkte. Hierdurch und aufgrund der widersprüchlichen Tatsache, dass öffentliche Wege durch den Straßenhandel sowohl behindert als auch zu einem Treffpunkt für die Stadtbewohner werden, erkennt man das komplexe Zusammenspiel der Vor- und Nachteile des Schwarzmarktes.

Just do it

Affordable and easy-to-hand 'solutions' to everyday problems, esoteric and religious resources find themselves in high demand when financial crisis hits Mexico City. Saints, powders, prayers, candles, incense, and oils are all the result of a religious syncretism that goes back to the era of the Viceroyalty of New Spain, enriched more recently by the influence of Afro-Caribbean witchcraft.

Records from the Inquisition show that from the seventeenth century different sectors of the population would resort to less orthodox means when it came to solving quandaries involving love, theft, or abuse. While the caste system divided, magic brought people together in complicity. Each group (Spanish, Indigenous, and Africans) could supply part of the ingredients required for the white magic rituals, which are still practiced in the city today. Spanish ladies would go to their maids in order to use spells to find out whether or not their husbands were being unfaithful. Black female slaves who used substances to stop their masters beating them find a contemporary parallel in those who seek concoctions at the Sonora market to guarantee happiness in their love lives and the jobs they desire.

Today as in the past, diverse sectors of society converge in the use of these rituals. Esoteric practices are a cultural trait that unifies people: the have-nots to get what they need, the haves to avoid losing what is theirs or to prevent the envious from stealing it.

On the other hand, the inhabitants of the city have strengthened their devotion to Catholic saints based on the efficiency with which one or the other resolves their material concerns. This explains why San Hipólito, chosen as patron saint of Mexico City the day Tenochtitlan fell, has been practically displaced by Saint Judas Thaddeus. The latter, responsible for difficult cases and protector of street vendors, provides a more direct answer to the present day problems of the city.

Besides devotion to the saints, a strong belief in magic has permeated the political scene. In 1997, taking advantage of the credit people give to the esoteric media, the attorney general of the day demanded the services of a clairvoyant, known as La Paca, to shed light on a murder case. Later on, it transpired that it was all part of a political charade to involve a relative of the former president in the accusation. Yet beyond the fraud this kind of practice often implies, it is clear that Mexico City remains deeply baroque, and that its citizens build their everyday lives around the choices offered them by rituals that claim to predict and control the future.

←

Citámbulos.
(Photo / Foto).

CANADA

Venamí

Los recursos esotéricos y religiosos, por ser "soluciones" asequibles a los problemas cotidianos, viven épocas doradas cuando las crisis económicas azotan a la Ciudad de México. Santos, polvos, oraciones, veladoras, inciensos y ungüentos son el resultado de un sincretismo religioso que se remonta a la época virreinal y que se ha enriquecido en la actualidad con la influencia de la santería afrocaribeña.

Los registros de la Inquisición demuestran que desde el siglo XVII distintos sectores de la población recurrían a medios poco ortodoxos para resolver problemas de amor, maltrato y robo. Si las castas separaban, la "magia" unía a través de complicidades. Cada grupo —españoles, indígenas y africanos— aportaba en distintas proporciones los ingredientes requeridos en los rituales de magia blanca que, hasta la fecha, se practican en la ciudad. Las damas españolas que recurrían a sus sirvientas para averiguar mediante hechizos si sus maridos cometían adulterio y las esclavas negras que utilizaban sustancias para amansar a sus amos y dejar de recibir azotes encuentran su análogo contemporáneo en quien acude al mercado de Sonora para conseguir enseres que garanticen la fidelidad de su pareja y la obtención del empleo anhelado.

Hoy, como en aquel entonces, estos rituales hacen converger a sectores antagónicos o poco afines entre sí, porque el esoterismo es un rasgo cultural que unifica. Los que no tienen recurren a él para tener y los que tienen lo hacen para no perderlo o evitar que los envidiosos se los quiten.

Por otro lado, los habitantes de la ciudad han fortalecido su devoción a los santos en función de la eficacia con que éstos resuelven sus diversas preocupaciones materiales. Ello explica por qué san Hipólito, nombrado santo patrono de la Ciudad de México el día que cayó Tenochtitlan, ha sido prácticamente desplazado de su templo por san Judas Tadeo. Y es que este santo, encargado de los casos difíciles y protector de los negocios de los vendedores ambulantes, "responde" de manera más concreta a los actuales desafíos de la urbe.

Además de la devoción a los santos, una fuerte creencia en la magia ha permeado el ámbito de la política. En 1997, aprovechando el crédito que la gente da a los recursos esotéricos, el procurador general en turno solicitó los servicios de una vidente, conocida como "La Paca", para "esclarecer" un homicidio. Más tarde, se supo que se trataba de una farsa política para involucrar en el asesinato a un familiar del ex presidente. Pero más allá del fraude que muchas veces conllevan estas prácticas, queda claro que la Ciudad de México sigue siendo profundamente barroca y que sus habitantes construyen su devenir cotidiano a partir de las alternativas que les ofrecen los rituales de predicción y control del futuro.

←

Víctor Mendiola.
(Photo / Foto).

Religious solutions

[1] Authentic Anti-Envy Water. ➔ Free yourself of envy, gossip and evil intentions. Spray yourself with great faith.

[1] Legítima Agua Contra Envidia ➔ Líbrese de envidias, murmullos y malas voluntades. Úsela en riegos con mucha fe.

[1] Original „Anti-Neid-Wasser" ➔ Befreien Sie sich von Neidgefühlen, Gerede und bösem Willen. Beträufeln Sie sich in tiefem Glauben mit diesem Wasser.

[2] Million-dollar notes ➔ Cost: 50 US cents. Must be placed on an altar to Saint Death to attract economic health.

[2] Billetes de un millón de dólares ➔ Se compran por 5 pesos. Deben colocarse en un altar a la Santa Muerte para atraer bienestar económico.

[2] Eine-Million-Dollar-Scheine ➔ Erhältlich für 30 Eurocent. Man muss sie auf einem Altar zu Ehren der heiligen Frau des Todes deponieren, um finanziellen Wohlstand anzuziehen.

[3] Bring-money Spray ➔ Protector of money, money soon. Better life. Fast money. ➔ Prayer of the three coins: "In the name of the Father the first coin is deposited, in the name of the Son the second, in the name of the Holy Spirit the third, your holy providence extends every moment so that we never lack shelter, clothing or food."

[3] Spray Ven Dinero ➔ Protector de dinero, pronto dinero. Mejor vida. *Fast money*. ➔ Oración de las Tres Monedas: "En el nombre del Padre se deposita la primera moneda, en el nombre del Hijo la segunda, en el nombre del Espíritu Santo la tercera, tu divina providencia se extiende a cada momento para que nunca nos falte casa, vestido y sustento".

[3] „Geld-her"-Spray ➔ Schützer des Geldes, schnelles Geld. Besseres Leben. *Fast money*. ➔ Gebet der drei Münzen: „Im Namen des Vaters wird die erste Münze dargebracht, im Namen des Sohnes die zweite, im Namen des Heiligen Geistes die dritte, deine göttliche Vorsehung erstreckt sich auf alle Augenblicke, damit wir immer ein Dach über dem Kopf, Kleidung und genug zum Leben haben."

Kommzumir

Religiöse und esoterische Hilfsmittel werden als greifbare und erschwingliche „Lösungen" für tägliche Probleme betrachtet, besonders in den Zeiten, in denen die Bewohner von Wirtschaftskrisen gebeutelt werden. Heilige, Wunderpulver, Gebete, Kerzen, Weihrauch und Salben, all das sind Ergebnisse eines religiösen Synkretismus, der bis in die Zeit des Vizekönigreichs zurückgeht und heute durch den Einfluss afrokaribischer Kultreligionen erweitert wird.

Aus den Aufzeichnungen der Inquisition geht hervor, dass seit dem 17. Jahrhundert die unterschiedlichsten Bevölkerungsgruppen auf wenig orthodoxe Mittel zurückgriffen, um sich in Liebesangelegenheiten, bei Misshandlung oder bei Diebstahl Beistand zu erbitten. Wenn die gesellschaftlichen Schichten die Menschen trennten, dann einte sie die Magie. Vertreter aller Bevölkerungsgruppen — Spanier, Indigene und Afrikaner — trugen zu verschiedenen Anteilen die Zutaten für die Rituale der „weißen Magie" zusammen. Diese Rituale werden bis zum heutigen Tage in der Stadt abgehalten. Waren es früher die spanischen Damen, die sich an ihre Dienstmädchen wandten, um durch Zauber zu erfahren, ob ihre Männer sie betrogen, und die schwarzen Sklavinnen die Substanzen verwendeten, um ihre Herren zu zähmen und deren Schlägen zu entgehen, sind es heute all diejenigen, die sich auf dem Markt von Sonora Zaubermittel beschaffen, die die Treue des Partners oder einen Traumjob versprechen.

Heute wie damals nähern sich durch diese Rituale gesellschaftliche Gruppierungen einander an, die sonst einander fernstehen. Die Mittellosen greifen zur Magie, um reich zu werden und die Reichen, um zu verhindern, dass Neider ihnen ihren Reichtum wegnehmen.

Andererseits beten die Stadtbewohner ihre Heiligen umso mehr an, je effizienter diese ihre materiellen Bedürfnisse erfüllen. So ist zu erklären, dass Sankt Hippolyt, der am Tag des Falls von Tenochtitlán zum Schutzpatron von Mexiko-Stadt ernannt worden war, vom heiligen Judas Thaddäus aus seinem Tempel vertrieben worden ist: Dieser nämlich, der generell für alle „schwierigen Fälle" zuständig ist und konkret die Straßenverkäufer beschützt, „erfüllt" die Bedürfnisse der heutigen Metropole auf bessere Weise.

Zu guter Letzt ist die Magie auch in der Politik zu Hause: 1997 bat der damalige Staatsanwalt eine als La Paca bekannte Hellseherin um ihre Dienste, um einen Mord „aufzuklären". Später kam ans Licht, dass das eine politische Farce war, durch die ein Angehöriger des ehemaligen Präsidenten in den Mord verwickelt werden sollte. Aber jenseits des Betrugs, den diese Praktiken oft beinhalten, ist eindeutig, dass Mexiko-Stadt immer noch eine sehr „barocke" Stadt ist und ihre Einwohner ihre täglichen Geschicke nach den Ergebnissen von Wahrsagerei und Kartenlesen richten.

←

Citámbulos Collection / Colección / Sammlung. (Object / Objeto / Objekt).

Soluciones religiosas.

Religiöse Lösungen.

Emergency Kit: the Sonora Market offers a huge range of esoteric remedies for economic crisis and disaster.

Botiquín para emergencias: el Mercado de Sonora ofrece una gran variedad de remedios esotéricos contra la crisis y el fracaso económico.

Arzneikasten: auf dem Sonora-Markt werden vielfältige esoterische Hilfsmittel feilgeboten, der Krise und dem wirtschaftlichen Versagen zu begegnen.

Bricolage

People involved in rubbish collection in the streets of Mexico City are known as *pepenadores*, from the Náhuatl word *pepena* meaning 'to choose.' According to official figures, there are 17 000 such scavengers in the Federal District. If we took into account the strong tendency among the inhabitants of Mexico City to sort out and keep all kinds of bits and parts of broken equipment, in case they are useful one day to repair something else, that number would be considerably larger.

This deep-rooted scavenging spirit, far from being an ecological way of inhabiting the world, responds to a need many people have to save or deal with the shortages they face every day. Moreover, the principle of wasting nothing — because today's rubbish might be the raw material to meet the needs of tomorrow — is based on the possibility of modifying the use for which an object was originally designed. Although this form of recycling is mainly a result of practical concerns, it also leads to the creation of ingenious new designs: doors made from crates, bottle caps used as washers, or walls made of plastic bottles.

However, what for most people is a way of reducing costs, for some scavengers has translated into substantial fortunes and political power — for the so-called 'rubbish kings.' As in many fields, the system of political patronage that held sway in the 1970s–1990s encouraged their *modus operandi*, trading the votes of their armies of 'employees' for the right to collect the waste from residential areas — the most sought-after waste of all. Nevertheless, this 'golden age' ended with the opening-up of the borders which, as one of the principal scavenger leaders was right to point out, brought entire trainloads of better-quality rubbish direct from the US, which put an end to their 'business.'

Although there are no longer 'kings,' the *pepenadores* continue to ensure the seven lives of many objects and materials: they sort glass, rags, tin, cardboard, and wood, which they sell by weight for industrial reuse. This, together with the recycling that people carry out in their homes, solves part of the problem of the excess of waste in the city, which amounts to 60% of that produced by the nation as a whole. Still unresolved, however, is the problem of pollution — of both the atmosphere and the water table — by the rubbish accumulated in the big dumps.

←

Mark Powell.
(Photo / Foto).

Rascuache

Las personas que recogen la basura en las calles de la Ciudad de México son nombrados "pepenadores", denominación que proviene de la palabra náhuatl *pepena*, que significa "escoger". De acuerdo con cifras oficiales, en el Distrito Federal hay 17 mil pepenadores. Sin embargo, si consideramos que entre los habitantes de la Ciudad de México existe una fuerte tendencia a separar y guardar toda clase de pedacería, bajo la convicción de que algún día servirán para arreglar algo más, el número sería considerablemente mayor.

Este arraigado espíritu pepenador, lejos de ser una manera ecológica de habitar el mundo, responde a la necesidad que tienen muchos habitantes de ahorrar o solventar las carencias que se les presentan cotidianamente. Además, el principio de que nada se desecha ni se tira porque el día de mañana puede convertirse en la materia prima de la construcción que hará falta, se basa en la convicción de que es posible modificar los usos para los que un objeto fue originalmente diseñado. Es por ello que, aunque esta forma de reciclaje responde principalmente a preocupaciones de carácter práctico, también arroja ingeniosos diseños: puertas hechas de huacales, tapitas de botellas utilizadas como rondanas y muros de botellas de plástico.

Sin embargo, lo que para los habitantes en general es una forma de amortiguar gastos, para algunos pepenadores se ha traducido en sustanciosas fortunas y en poder político para los llamados "caciques de la basura". Como en muchos otros ámbitos, el clientelismo político típico entre los años sesenta y noventa promovió la existencia de "reyes de la basura" que negociaron votos a cambio del control de los desechos de las zonas residenciales, los más codiciados de todos. No obstante, esa "época de oro" terminó con la apertura de las fronteras que, como bien señaló uno de los principales líderes de los pepenadores, trajo trenes enteros de basura más limpia, proveniente de Estados Unidos, que compitió con la suya e hizo "quebrar" el negocio.

Hoy, aun sin sus "reyes", los pepenadores continúan garantizando las siete vidas de muchos objetos y materiales: separan vidrios, trapos, latón, cartón y madera que luego venden por peso para su reutilización en la industria. Esto, junto con la labor de reciclaje que los habitantes realizan de forma particular, resuelve parte del problema de la sobreabundancia de desechos en esta urbe, responsable de 60 % de la basura de todo el país. Lo que no se ha resuelto, sin embargo, es la contaminación atmosférica y la de los mantos freáticos que producen los desechos no reciclados acumulados en grandes tiraderos.

←

Ramón Orozco.
Tecnología rascuache, 2008.
(Photos / Fotos).

Bricolage technology is the peak of recycling. It answers the practical necessities of everyday life, is an effective way of saving, exercises the imagination and makes use of an unconscious ecological awareness.

La tecnologia rascuache es la cima del reciclaje. Responde a las necesidades prácticas de la vida diaria, es una manera efectiva de ahorrar, ejercita el ingenio e implica una conciencia ecológica involuntaria.

Die Bricolage-Technologie ist der Höhepunkt des Recyclings. Sie beantwortet die praktischen Bedürfnisse des Alltags, ist eine effiziente Sparmethode, benutzt die Erfindungsgabe und schließt selbst ein unfreiwilliges Ökobewusstsein mit ein.

Hounslow's it Glasgowing?
How's it going?

¿Qué Pachuca por Toluca?
¿Qué pasó?

Wie Gera in Stuttgart?
Wie gehts wie stehts?

What a Kinder to Skegness you in Torquay!
What a surprise to see you here!

¡Qué milanesas que te Veracruz por Acapulco!
¡Qué milagro que te vemos por acá!

Welch Würstchen, dass du dich Hiddensee Langeoog!
Welch Wunder, dass du dich hier sehen lässt!

Oven and out
Over and out

Ya estufas
Ya estuvo

Schön bärtig
Schon fertig

Bricolage

Die Menschen, die in den Straßen von Mexiko den Müll auflesen, werden *pepenadores* genannt. Dieser Name kommt vom Nahuatl-Wort *pepena,* das „aussuchen" bedeutet. Offiziellen Zahlen zufolge gibt es im Bundesbezirk 17 000 pepenadores. Diese Zahl ist aber noch erheblich höher, wenn man bedenkt, dass viele Stadtbewohner alle möglichen Einzelteile und kaputten Gegenstände sammeln, in der Überzeugung, dass damit eines Tages etwas repariert werden kann.

Die weit verbreitete Mentalität der *pepenadores* ist nicht etwa eine ökologische Lebensform. Vielmehr sieht man daran das Bedürfnis vieler Menschen, zu sparen oder die täglichen Mängel zu kompensieren. Das Prinzip der Bricolage, nichts zu vernichten oder wegzuwerfen, weil es am nächsten Tag das am meisten gesuchte Baumaterial sein könnte, beruht auf der Überzeugung, dass man den ursprünglichen Nutzen eines Gegenstandes verändern kann. Durch diese Form des Recyclings entstehen einfallsreiche Kreationen: Türen aus Transportkisten, Bierdeckel als Unterlegscheiben und Mauern aus Plastikflaschen.

Was für die Einwohner im Allgemeinen ein kostensenkendes Mittel ist, hat einigen *pepenadores* zu ordentlichem Reichtum und den sogenannten „Müllkaziken" zu politischer Macht verholfen. Das zwischen den 1970er und 1990er Jahren in der Politik herrschende System von Gönnerschaften förderte die Existenz der „Müllkönige", die Wählerstimmen gegen die Kontrolle der Müllabfuhr in den begehrten reichen Wohnvierteln eintauschten. Das „goldene Zeitalter" fand aber mit der Liberalisierung der Grenzbestimmungen ein Ende, durch die, wie ein führender *pepenador* richtig bemerkte, zügeweise „sauberer" Abfall aus den USA ins Land kam, der mit dem heimischen Müll konkurrierte und das Geschäft „ruiniert" hat.

Heute garantieren die *pepenadores* auch ohne ihre „Könige" die sieben Leben von vielen Gegenständen und Materialien: Sie trennen Glas, Lumpen, Messing, Karton und Holz und verkaufen das Material dann nach Gewicht, damit es in der Industrie wiederverwendet werden kann. Zum Teil kann dadurch, und durch die individuelle Bricolage-Technik der Bewohner, das Übermaß an Müll, das diese Stadt produziert und das 60 Prozent allen Mülls des Landes ausmacht, behoben werden. Noch nicht gelöst werden konnte dagegen bislang das Problem der Luftverschmutzung und der Verunreinigung des Grundwassers durch die auf großen Halden angehäuften nicht recycelten Restabfälle.

←

Citámbulos,
Alejandro de la Torre.
Frases chilangas.
(Collection / Colección / Sammlung).

Phrases in Mexico City slang frequently make use of words as though they were recycled materials. The sound elements are played on in order to allude to other meanings.

En el habla popular de la Ciudad de México, es común encontrar frases en las que las palabras son utilizadas como si fueran material de reciclaje. Los elementos sonoros son aprovechados para aludir a otros significados.

In der Umgangssprache von Mexiko-Stadt hört man oft Sätze, in denen die Wörter so verwendet werden, als ob sie Recyclingmaterial wären. Die Klangelemente werden genutzt, um verdeckt auf andere Bedeutungen anzuspielen.

←

Ramón Orozco, Francisco García, Citámbulos.
Tecnología rascuache, 2008.
(Installation / Instalación).

URBAN UNITIES: ECATEPEC

➔ Ecatepec, in the north of the metropolitan area of Mexico City, reflects the extreme forms of neoliberal urbanization that have taken over the spatial formation of contemporary México. It exemplifies the future of its society and the increasing "class" polarization of its citizens. This form of urbanization has exposed the existing unbalanced relations of power between the makers of the city and its dwellers. While the developers accumulate enormous monetary wealth and power, the city dwellers have been gradually confined to serialized sleeping quarters, excluded from the production of their own environment and ultimately pushed into urban poverty. ➔ URBAN ASYMMETRIES is a collective that was created to architecturally counter such unbalanced urbanities as the one in Ecatepec. We propose a unitary-relational urbanism with the following main intentions: decreasing the labor dependency on Mexico City center, amplifying local skills and cultural consciousness, empowering communities to become more autonomous through local production and trade, creating communal facilities for political manifestation and interaction, rebuilding pedestrian connections and sustainable public transportation, nationalizing toll roads and giving back the city to the citizens. / URBAN ASYMMETRIES: EVAN ASABASHVILI, SILVIA BIZZARRI, CARLOS GARCÍA-SANCHO, TANIA GUERRERO, TOMI JASKARI, TOM KOLNAAR, PHILLIP LÜHL, WILLEM VAN DE VEN, TAUFEN TER WEEL, IDAN ZVEIBIL / PROJECT LED BY: MIGUEL ROBLES-DURÁN, HEIDI SOHN / DSD FUTURE CITIES PROGRAM, TU DELFT ●

Legenda :

- existing public space
- new public space
- urban agriculture
- open water
- existing housing
- existing gated housing
- new housing
- public building
- cooperative production
- bus line
- suburban train

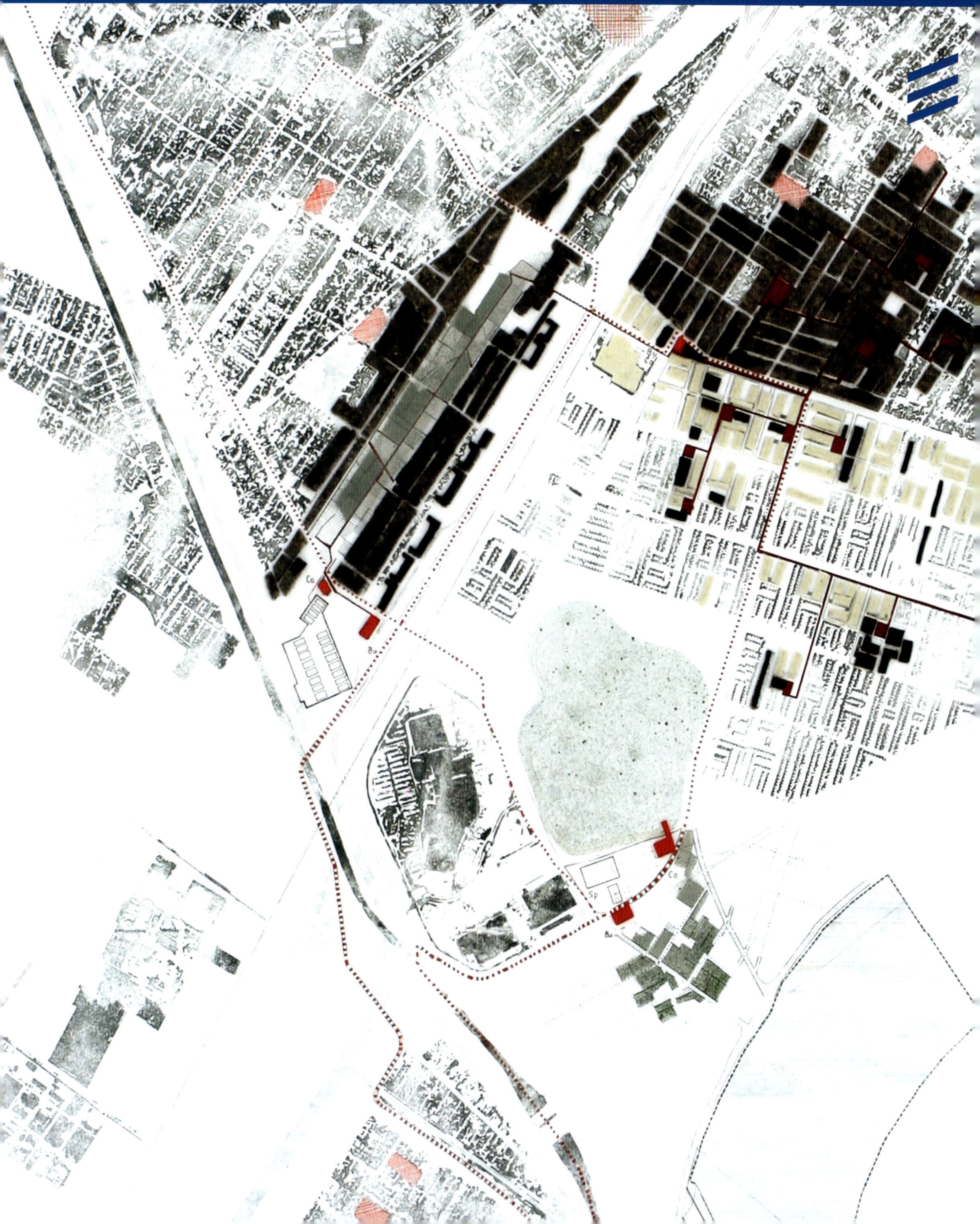
Co
Bu
Bu
Co
Sp
Bu

MÉXICO CIUDAD FUTURA: THE LAKE PROJECT

→ Mexico City was founded in 1321 on an island at the center of a lake system. During the fourteenth century the population of the basin reached an estimated 1.5 million inhabitants, distributed over more than 100 towns. The Basin of Mexico was probably the largest and most densely settled urban area in the world at that time. → The lake system was fundamental for survival: it provided economic sustenance and an entire way of life. But the relationship with water has changed: the struggle against it defined the way the territory has been managed. → Nowadays, Mexico City is emblematic of the ecologically-critical megacity: twenty-five million inhabitants by the year 2020, only 1.5 square meters of green space per person, and a system of water use that overexploits the resource by 50% while wasting 40% and properly treating less than 15%. → México Ciudad Futura proposes to reconcile the city with its geography and its history, respecting the will of nature, because that is the only way towards sustainability. → The project understands the scale of the megacity and provides the services and infrastructure that it will require in the next decades. / FUTURA DESARROLLO URBANO / TALLER DE ARQUITECTURA, ALBERTO KALACH ●

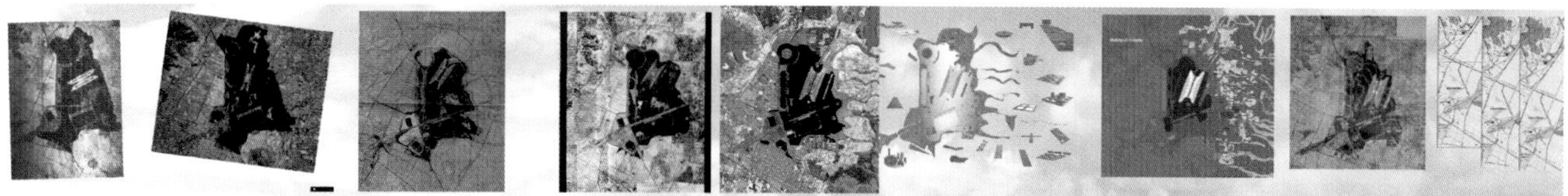

EJE CENTRAL: ZERO EMISSIONS CORRIDOR

➔ Eje Central will be the first Zero Atmospheric Emissions Public Transport Corridor by modernizing the electric public transport system and corresponding installations. The backbone of the project is the reorganization of public transport, beginning with the elimination of the current flow of buses and minibuses and concentrating all the public transport in a new dedicated-lane trolleybus system. Currently Eje Central is around 20 meters wide, which will be reorganized to accommodate private vehicles, the trolleybus and a new cycle route running for 12.5 kilometers for both transport and recreational use. The east side of the corridor will contain three lanes for regular vehicle circulation, while two central lanes are reserved for the trolleybus and the west side will be taken up by the cycle route and local access lane. ➔ More broadly, the project intends to link up the various public spaces, such as plazas, parks and gardens, in the vicinity of Eje Central like a spinal column, including the renovation of six of these. In each of the 26 junctions with new trolleybus stations gardens will be established on both sides of the pavement. ➔ One of the most significant components of the project is the intensification of urban development as a strategy for renewal of the Central City. This is to be achieved with the development of planning policies which allow redensification and favor mixed-use developments throughout the zone, increasing in height, encouraging social diversity and linking public transport into public space, housing with places of work and private investments with public ones. / ARQUITECTURA 911 SC, SAIDEE SPRINGALL, JOSE CASTILLO ●

THE POST INDUSTRIAL FUTURE OF MEXICO CITY

➔ Mexico City needs to grow internally. The most suitable area for internal growth is the northwest zone of Azcapotzalco and Miguel Hidalgo, currently in transformation from mid-twentieth century industry to post-industrial recovery. ➔ The borough of Azcapotzalco has been losing population and jobs, since many of its obsolete industries have closed and gone elsewhere in the country. However, this area has considerable infrastructure (in comparison to districts in the east and south) including water, drainage, and public transportation such as several metro lines. It also contains notable educational facilities. Several urban and architectural projects have been launched since 2003. Two of these are:

➔ TECNOPARQUE (2003) ➔ A new high-tech corporate center, developed by private enterprise in a former industrial site of fifteen hectares. The Tecnoparque office campus will open around 10 000 jobs in the data and information areas (call centers and service centers). New sustainability solutions in terms of water reuse and water harvesting have been incorporated, in a context of high quality environments and landscape.

➔ BICENTENNIAL PARK (First phase, 2010; second phase, 2012) ➔ The terrain was formerly an oil refinery that was closed in 1991. The currently planned fifty-five hectare Ecological Park will provide amenities including an open air auditorium, a museum of energy and an electric train. The site will also accommodate offices and include a shopping area and restaurants. / MASTERPLAN AND LANDSCAPE ARCHITECTURE: GRUPO DE DISEÑO URBANO, MARIO SCHJETNAN ●

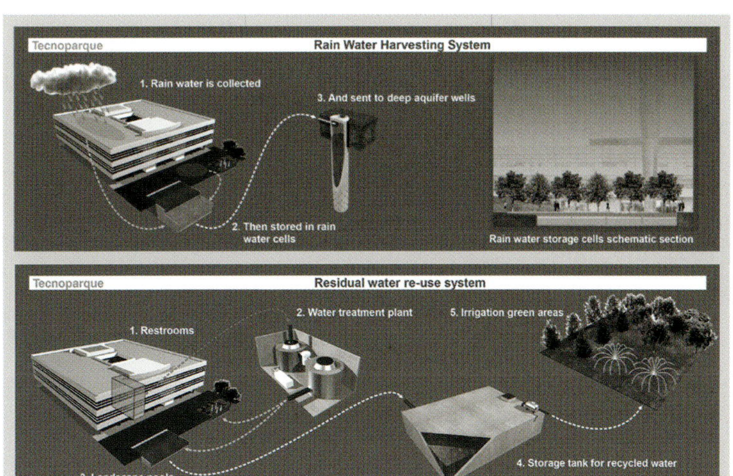
Tecnoparque
Rain Water Harvesting System
1. Rain water is collected
3. And sent to deep aquifer wells
2. Then stored in rain water cells
Rain water storage cells schematic section
Tecnoparque
Residual water re-use system
1. Restrooms
2. Water treatment plant
5. Irrigation green areas
3. Landscape pools
4. Storage tank for recycled water

FAROS: FACTORIES OF ARTS AND TRADES

→ URBAN LIGHTHOUSES: FÁBRICA DE ARTES Y OFICIOS : → Thousands of young people experience the city from the perspective of the street. They emerge from childhood into an urban landscape, which they make their own by dint of inhabiting it. Without enough schools, without decent possibilities of a job, raised among families bitter from decades of suffering economic crises, the young people wander the city like a great nomadic tribe. They are tired of being harassed by the police and of being told what to do and what not to do, in an effort to undermine their right to decide about the issues that matter to them: how they dress, tattoo or pierce themselves, their taste in music, sexual relations, drugs, political sympathies or antipathies. → These young people have discovered something in the midst of what frequently seems to be a massive shipwreck. A powerful survival instinct pushes them to make culture into more than a form of identity: they set off on the road to music, graffiti, fanzines, centers of cultural recycling of their cult objects, dance, dating, partying — practising the fundamental right of all democratic societies: freedom of expression. → This expression has found its way in the transformation of an abandoned lot and a half-built construction project into a space for young people. Where a council building had been planned, the Faro del Oriente (Lighthouse of the East) was to be raised, creating not only a space for youth culture, but a green oasis in an arid zone, a place for art and beauty in a part of the city threatened by crime and violence. A light for the young survivors of the shipwreck of the end of one century, and a port of departure for the rafts of the first to launch themselves into the one to come. / ALBERTO KALACH, JOSÉ ALLARD / SECRETARÍA DE CULTURA, GDF ●

CHIMALHUACÁN: SUSTAINABILITY IN POOR AREAS

➔ Our research addresses the possibility of adapting sustainability concepts to urban poverty situations. The case study is the municipality of Chimalhuacán, located on the eastern edge of Mexico City, with a population of 525 000, most of whom live in informal settlements. The marginal conditions of Chimalhuacán are the result of a lack of services, functional public spaces, proper infrastructure, legal property ownership and employment. The zone is also highly vulnerable to floods and exposed to open-air sewage and waste disposal sites. ➔ Construction of the social sphere parallels the physical construction of Chimalhuacán. The way people build their identities reflects the elements that define them. We believe that an intensification of already existing elements can lead to the emergence of a new type of urbanism. The potential contained in everyday public activities in urban space can generate social transformation. ➔ The theoretical framework incorporates five main research topics: urban image, sustainability, poverty, informality and representation, each with their own distinct methods of inquiry and key concepts. ➔ Meanwhile with the implementation of various tactical bottom-up interventions in the daily life we believe we can reconfigure urban space in order to arrive at sustainable processes. At the same time, they reveal different aspects of how people live and relate to urban space. A 'World Café' was set up, promoting a culture of open dialogue and giving space to important discussions. Some of the key issues raised were the lack of communication between neighbors and within the community as a whole, insufficient public transport and commute times of up to four hours each way. / ROZANA MONTIEL, ARTURO ORTIZ ●

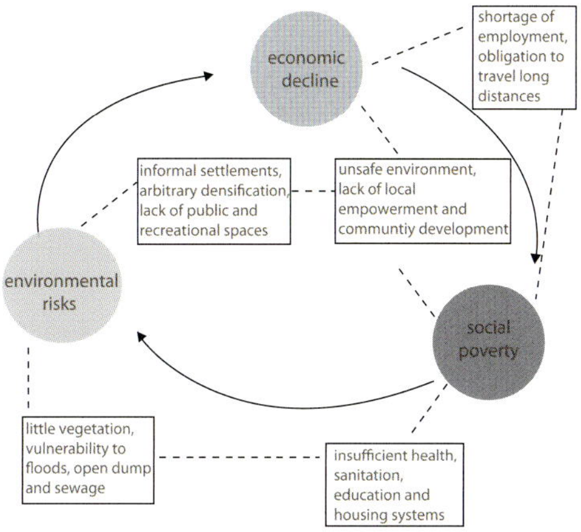

Chimalhuacán´s vicious cycle of non-sustainability

PLAZA TLAXCOAQUE: RECOVERING THE CENTER

→ The aim of the Historic Center Authority is to recover and make better use of public spaces, improving mobility and linking up buildings and zones with historic and heritage value, establishing visiting routes and cultural activities. One of the outstanding projects is the construction of the new Plaza de Tlaxcoaque by 2010. → This new public space will feature a distinctive 'Green Wall' granting volume to the diminutive Concepción Chapel at the southern end of the urban corridor of 20th November Avenue. → Conceptually it sits between the traditional European plaza and the great hall often found in Mesoamerican architecture, though as it is largely composed of vegetation, it could also be considered a garden. It is a hybrid, which turns its heterogeneous nature into a strong statement of identity. The garden around the precinct will function as a buffer zone between the chaos of the city and the metaphysical character of the interior. → The structure of the great precinct extends over 500 metres in length, reaches a height of 18 metres and is built of steel wrapped in metal mesh. In the V-shaped steel-plate beams various species of plants will grow and completely envelop the structure. The variety of species means the appearance of the Green Wall will change with the seasons, and their growth over the years will lighten the geometric structure. / ANTONIO ESPOSITO, ELENA BRUSCHI, RENÉ CARO, CARLOS RODRÍGUEZ BERNAL ●

METROPOLITAN INTEGRATION: PUBLIC TRANSPORT

→ Five million citizens spend between three and four hours each day commuting within the metropolitan area of Mexico City. Three major infrastructure projects are currently underway to improve travel times and safety.

→ METRO LINE 12 → The new Line 12 of the Metro system, running east-west across the south of the city, will link up largely isolated areas of the capital to the public transport network, serving up to 400 000 passengers per day. The new line will reduce their expenditure on transport by 75%.

→ METROBUS → The Mexico City Metrobus is a new high-capacity rapid transit network. The first line was opened in June 2005 along Insurgentes Avenue, a key thoroughfare. The system runs on an exclusive, confined lane, which permits a high average speed and regular service.

→ SUBURBAN TRAIN → To reduce commuting times for citizens living in the metropolitan area, the Federal government has joined forces with those of the State of Mexico and of Mexico City's Federal District to construct a suburban train network. The first route opened in June 2008 and joins the northern suburbs with the Buenavista transport hub, linking into the Metro and Metrobus. The 20-kilometer journey will take 23 minutes, saving over an hour on travel by minibus. ●

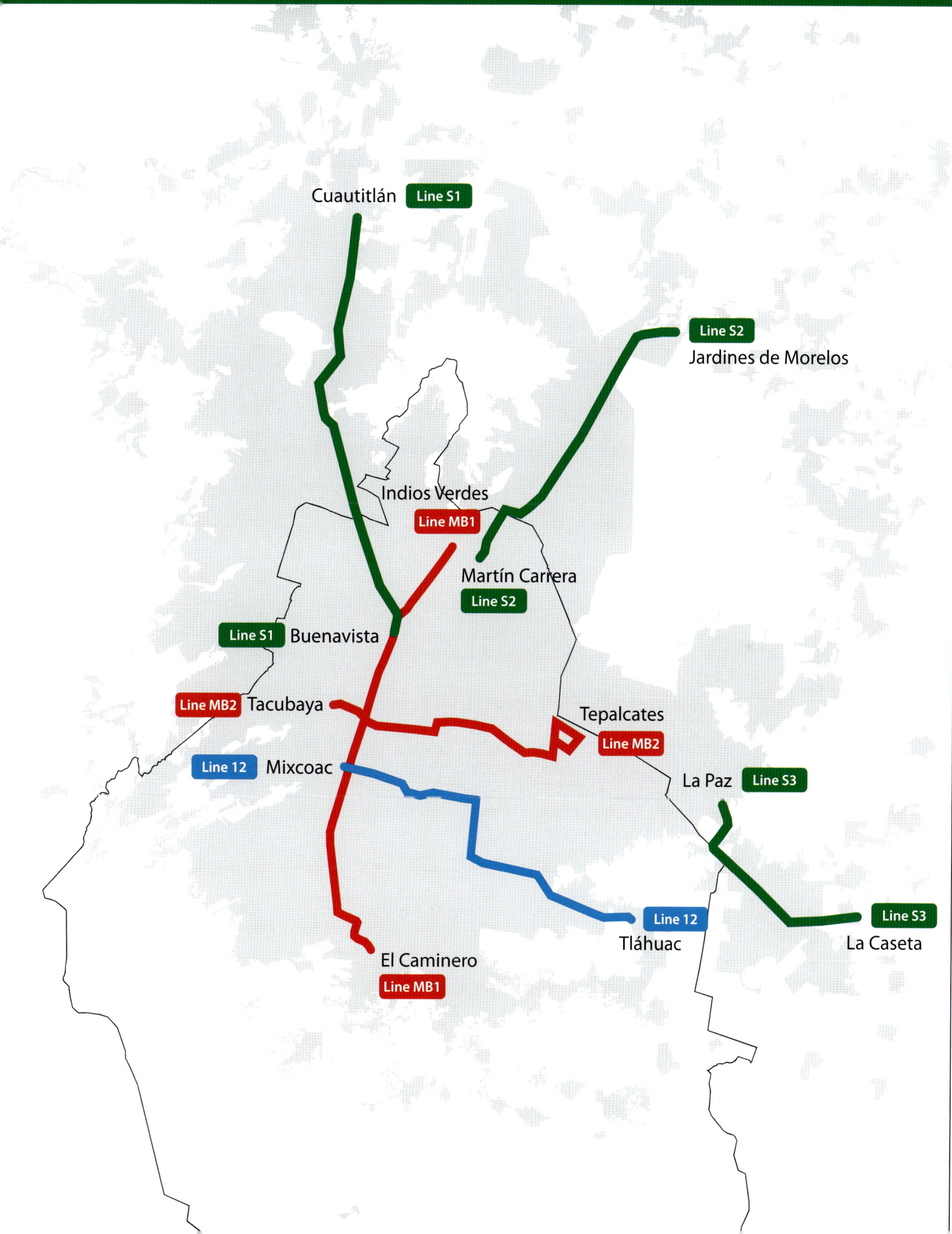
Cuautitlán
Line S1
Line S2
Jardines de Morelos
Indios Verdes
Line MB1
Martín Carrera
Line S2
Line S1
Buenavista
Line MB2
Tacubaya
Tepalcates
Line MB2
Line 12
Mixcoac
La Paz
Line S3
Line 12
Tláhuac
Line S3
La Caseta
El Caminero
Line MB1

MOBILITY IN UNIVERSITY CITY

→ BICIPUMA → The Bicipuma system offers bicycles to rent within the principal campus area of University City, where distances are often too great to walk. The principal bike-park connects with the principal university Metro station, and each faculty on the main campus has a smaller park to pick up or deposit them. / FELIPE LEAL, DANIEL ESCOTTO, ERANDI JIMÉNEZ.

→ PUMABUS → For years, the central campus suffered from constant traffic jams on its access and internal roads. Accessibility, mobility and the campus environment have now been transformed by the introduction of the Pumabus. A fleet of wheelchair-accessible, low-emission buses transports passengers to the main campus area from car parks located around the Olympic Stadium. Both parking and the bus service are free of charge for students and staff. / FELIPE LEAL, DANIEL ESCOTTO, DENÉBOLA CARAVERO.

→ METROBUS CU → A station serving the National University campus has been built providing access to the bus rapid transport system, which runs along Insurgentes Avenue through the heart of the city. Linking into the Pumabus and Bicipuma networks, this establishes multi-modal connectivity with the urban public transport system. / FELIPE LEAL, RENÉ CARO ●

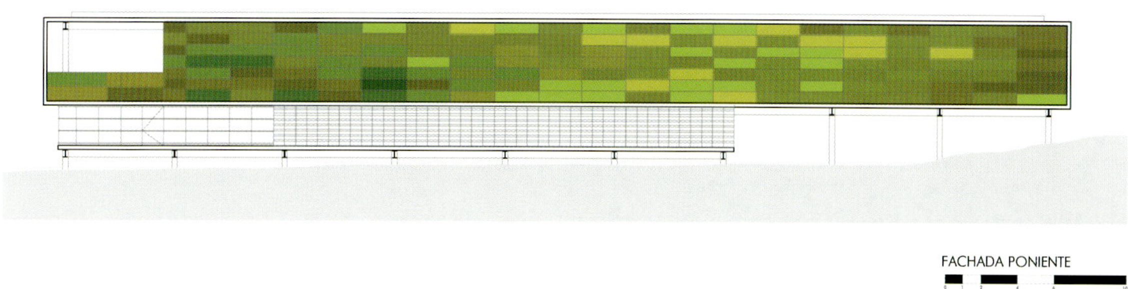

FACHADA PONIENTE

MILPA ALTA: SAN PABLO OZTOTEPEC MARKET

→ Located in Milpa Alta, one of the least well-off boroughs of the Federal District, in the village of San Pablo Oztotepec, the new village market building is part of a local government program to respond to the most pressing needs of the population. → The market enters into dialogue with the topography of the zone with a simple sheet metal roof which varies in height, but makes use of regular modular sections. These covering elements emulate the tarpaulins or plastic sheets used in tianguis (traditional markets) all across Mexico which are often raised, separated or joined in a random fashion to let in natural light and ventilation. → To avoid direct sunlight falling on the fruit, vegetables and other foodstuffs sold inside, the market boasts a series of metal louver shutters on the south and west façades which prevent sunlight entering directly but do allow indirect natural light and constant ventilation. The monochromatic building rises up stealthily, awaiting an enriching exchange with the multicolored goods to be sold there. The subjective interpretation of the space in the setting-out of each of the stalls will enhance the conceptual scheme chosen. / MAURICIO ROCHA ITURBIDE, ARTURO MERA ORTIZ ●

Mercado

Lechería

Mexico City – Berlin dialogue at DAZ
Diálogo entre la Ciudad de México y Berlín en el DAZ
Dialog zwischen Mexiko-Stadt und Berlin im DAZ

←

Diego Toledo.
Diabli(o)to(e), 2008.
(Sculpture / Escultura / Skulptur).

The diablito *is one of the most popular and efficient means of transportation of goods in Mexico City's markets and streets and therefore a symbol of the city itself.*

El diablito es uno de los vehículos más básicos y efectivos para transportar carga en los mercados y en las calles de la Ciudad de México y, de esta manera, es también un símbolo de ella.

Die Sackkarre ist eines der einfachsten und effizientesten Verkehrsmittel, um in den Märkten und Straßen von Mexiko-Stadt Güter zu transportieren und ist somit Symbol der Stadt selbst.

←

Colectivo Última Hora.
Vocho-trajinera, 2008.
(Cardboard Sculpture / Escultura de Cartón / Kartonskulptur).

The Beetle-barge synthezises the relationship between the former canals and rivers and the current streets of the city. It is also a tribute to the presence of Germany in Mexico, where for decades the VW-Beetle was the most popular car.

El vocho-trajinera sintetiza la relación entre los antiguos canales y ríos y las actuales calles de la ciudad. También es un homenaje a la presencia de Alemania en México, donde el vocho fue durante décadas el auto más popular.

Der Käfer-Kahn stellt die Synthese aus historischen Wasserwegen und den heutigen Straßen da. Er ist darüber hinaus eine Ehrung der deutschen Präsenz in Mexiko, wo der VW-Käfer jahrzehntelang das populärste Auto war.

↑

Leonardo Heiblum.
De Berlín a la Ciudad de México o cómo comerse una manzana oliendo un mango, 2008.
(Soundscape / Paisaje sonoro / Klanglandschaft). X1

How does Mexico City sound? What does Berlin look like? And what happens when you stroll around the second listening to the first? This is an experiment equivalent to eating an apple while smelling a mango. The soundtrack is provides by Mexico City, the streets are provided by Berlin.

¿A qué suena la Ciudad de México? ¿Cómo se ve Berlín? ¿Y qué sucede cuando se pasea por la segunda escuchando a la primera? Éste es un experimento equivalente a comerse una manzana, mientras se huele un mango. La pista sonora la pone la Ciudad de México, las calles, Berlín.

Wonach klingt Mexiko-Stadt? Wie sieht Berlin aus? Wie ist es, durch eine Stadt zu gehen und dabei die andere zu hören? Ein Experiment, in dem man sich fühlt, als würde man einen Apfel essen und dabei eine Mango riechen. Den Klangraum bildet Mexiko-Stadt, die Bühne Berlin.

↑

Verena Grimm.
Berlín-DF, far away so close, 2008.
(Video). X2

Visual dialogue between Mexico City and Berlin.

Diálogo visual entre la Ciudad de México y Berlín.

Visueller Dialog zwischen Mexiko-Stadt und Berlin.

↑

Allard van Hoorn.
La piedra del agua, 2008.
(Video). X3

Four hundred years of desiccation of the Valley of Mexico concentrate in 'Moctezuma's tear'. In Berlin this tear travels along the pipe system reused in the Tiergarten to prevent it dryingup.

Cuatrocientos años de desecación del Valle de México se concentran en la Lágrima de Moctezuma. En Berlín esta lágrima viaja a lo largo de la tubería reutilizada en el Tiergarten para evitar su desecación.

In der „Träne von Moctezuma" konzentrieren sich 400 Jahre Trockenlegung des Hochtals von Mexiko. In Berlin wandert diese Träne durch das Rohrnetz, das den Tiergarten vor dem Austrocknen bewahrt.

RAYOS
REEF

The exhibition is a collaboration between the German Center for Architecture (DAZ), the research collective Citámbulos and the Alfred Herrhausen Society, Berlin, and was held in Berlin under the auspices of the Governing Mayor of Berlin, Klaus Wowereit as part of the Berlin – Mexico City city partnership.

We gratefully thank the support of:

And the DAZ partners:

THANK YOU

Doris Beiersdorf, José Luis Bermeo, Elena Cepeda de León, Alejandra Frausto, Martha Ladrón de Guevara, Eugenio López, Alfonso de Maria y Campos, Isabel Molina, Folco Näther, Wolfgang Nowak, Luis Ignacio Sáinz, Rogelio Sosa, Ute Weiland, José Wolffer, Klaus Wowereit and The Federal Association of German Architects (BDA).

José Alberto Aguilar, Sandra Alarcón, José Allard, Alejandro Álvarez, Tania Álvarez, Luis Arau, Rubén Ávila, Cristiana Barthel, Kathrin Bockholt, Bernardo Bolaños, Angélica Breña, Claudia Cabrera, Eduardo Campero, Tomás Canchota, René Caro, Sebastián Castagna, Héctor Castillo, Lauretta Cavallari, Rosario Cipriano, Teresa Clark, Malcolm Coelho, José Manuel Cuevas, Culturia Berlin, Fanny, Felipe Ehrenberg, Isaías Espíritu Bautista, Cristina Faesler, Camilo Falcón, Tatiana Falcón, Charlotte Findeling, German Freiberg, Jessica Garbarino, Cristina Gil, Argel Gómez, Pedro "Zulu" González, Katrin Hass, Aída Hernández, Honorio Hernández Sánchez, Lourdes Hernández, Alejandro Hosne, Sven Iversen, Miriam Jerade, Beatriz Elena Jiménez Martínez, Lutz Knospe, Katrin Konrad, Ayni Lacharmoise, Alejandro Laviada, Felipe Leal, Ernesto López, Pilar López, Severiano López, Mauricio Maillé, Flor Marín, Juan Martínez Díaz, Juan Carlos Martínez, Soledad Méndez Cruz, Apolinar Mendoza Hernández, Félix Merino Guzmán, Cuauhtémoc Medina, Janina Möbius, Mercedes Moncada, Leonel Morgan, Jenny Mügel, Christina und Phillipe Narval, Arturo Negrete, Arturo Neri, Alejandra Núñez, María Olivo, Pamela Orgeldinger, Camilla Panhard, Tim Parsa, Manuel Perló Cohen, Sara Ramírez, Andrzej Raszyk, Isabel Retuerto, Gabino Rodríguez, Gabriela Rodríguez, Rodrigo Rodríguez, Juan Rojas, Enriqueta Romero, Miranda Romero, Gabriel Reyes, Jorge Romo, Jorge Ruíz Esparza, July Russek, Flora Salazar, Jan Sánchez Castillo, Jorge Sánchez, Roger Sánchez, Daniela Schmidt, Daniel Silvo, Jorge Tamés y Batta, Ángel Tovilla, Laura Valencia, Soledad Vargas, Rosario Vázquez, Edur Velasco, Lourdes Velasco, Jan Vermehr, Kate Wilson, Caroline und Arnd von Wissel, Patricia Zapata, Oscar Zárraga, Manolo Zepeda, Gloria Zubieta.

CITÁMBULOS

Ana Álvarez, Fionn Petch, Valentina Rojas Loa and Christian von Wissel

CURATORS AND GENERAL ORGANIZATION

Citámbulos with Kristien Ring (DAZ)

CO-PRODUCTION

Citámbulos with Kristien Ring (Deutsches Architektur Zentrum DAZ) and Ute Weiland (Alfred Herrhausen Gesellschaft AHG)

EXHIBITION DESIGN

Luis Rodríguez

CURATOR PHOTOGRAPHY

Dante Busquets

CONSULTANT CURATOR

Daniela Wolf

CONSULTANT CURATOR ARCHITECTURAL PROJECTS

José Castillo (AHG)

EXHIBITION DESIGN CONSULTANT

Ernesto Bejarano

ACADEMIC CONSULTANTS

Peter Krieger

Ernesto López Portillo

PRODUCTION

Valeska Bührer

Vlady Díaz

Andy Herbst

Sofía Alfa Hernández

Jeannette Merker

Steffen Morenz

Lucy A. Roberts

Andreas Schleuder

Héctor Zubieta

DESIGN ASSISTANTS

Anne Charlotte de Lavergne

Alonso Martínez

Daniel Sandoval

Mauricio Rodríguez

Sandra Toledo

PUBLIC RELATIONS: **Cornelia Schwarte.** ORGANIZATION OF PARALLEL EVENTS: **Jesús Ávila, Annika Buchsteiner, Vlady Díaz, Alejandra Frausto, Jeannette Merker, Gabriel Rodríguez and Héctor Zubieta.** TECHNICAL CONSULTANT: **Francisco García.** IMAGE SCANNING: **Livia Radwanski.** RESEARCH AND ESSAYS: **Ana Álvarez, Sol Aréchiga, Humberto Berlanga, Carol Elías, Peter Krieger, Fionn Petch, Rodrigo Remolina, Gabriel Rodríguez, Valentina Rojas Loa, Fernando Serrano, Christian von Wissel and Claudia Wondratschke.** ASSISTANT EDITOR: **Nuria Ibáñez.** TEXT-WORKS: **Sol Árechiga with Yásnaya Elena Aguilar, Humberto Berlanga, Bernardo Corteggiani, Cristina Gil, Anne Huffschmid, Nuria Ibáñez, Onnis Luque, Mauricio Rodríguez, Alejandro de la Torre, Claudia Wondratschke and Citámbulos.** TRANSLATION: **Carolina Orloff and Fionn Petch (English), Anne Sieberer (German), Max Maier (German subtitles).** PROOF READING: **Sandra Luna with Sol Aréchiga (Spanish), Maren Wetcke with Nils Dallmann (German), Fionn Petch with Jeremy Clouser (English).** VIDEO: **Benjamín Alcántara, Ana Álvarez, Eduardo Campero, Comando Santa Lucía (Vlady Díaz, Jorge Patiño, César Mendoza, Omar Inzunza, Luis Sierra), Verena Grimm, Allard van Hoorn, Nuria Ibañez, Orlando Jiménez, Agustín Martínez, Paulina del Paso, Ricardo Rico, Gabriel Rodríguez, Fernando Serrano, Tonalli Villaseñor and Héctor Zubieta.** SOUNDSCAPES: **Matías Barberis, Humberto Berlanga, Comando Santa Lucía (Vlady Díaz, Jorge Patiño, César Mendoza, Omar Inzunza, Luis Sierra) with Citámbulos, Carol Elías, Manuel Grosselet, Leonardo Heiblum, Pablo Lach, Manuel Rocha Iturbide and Katri Walker.** OBJECT ART: **Comando Santa Lucía (Vlady Díaz, Jorge Patiño, César Mendoza, Omar Inzunza, Luis Sierra), Susana Estrada, Kirsten Krogh, Armando Miguélez, Fionn Petch, Carlos Ranc, Lucy A. Roberts, José Antonio Rojas Loa, Betsabé Romero, Diego Toledo, Lourdes Velasco, Taro Zorrilla, Héctor Zubieta, and Citámbulos.** BOOK ART: **Katri Walker, Patricia Lagarde.** INSTALLATION: **Ramón Orozco with Francisco García, Paulina del Paso, Héctor Zamora.** GRAPHIC WORK: **Javier Areán, Francisco Elías, Carlos Mier y Terán, SputnikStudios (Benjamín Guzmán, Enrique Nieto, Emilio Coronel, Rubén Nava) and Citámbulos.** PHOTOGRAPHY: **Ana Álvarez, Benjamín Alcántara, Annika Börm, Katya Brailovsky, Dante Busquets, Ramiro Chaves, Jeremy Clouser, Livia Corona, Alfredo Cottin, Nils Dallmann, Alex Dorfsman, Federico Gama, Mauricio García, Johanna Gardauer, Manuel Grosselet, José Guevara, Catalina Holguín, Ernesto Lehn, Pablo López Luz, Onnis Luque, Víctor Mendiola, Ada Raquel Mestas, Ivelin Meza, Oscar Necoechea, Nirvana Paz, Ana Lorena Ochoa, Gabriel Pérez, Mark Powell, Duilio Rodríguez, Gabriel Rodríguez, Pavka Segura, Ulrike Stehlik, Daniela Unger, Roberta Vassallo, Rodrigo Vázquez, Christian von Wissel and Claudia Wondratschke.** ARCHITECTURAL PROJECTS: **José Allard, Elena Bruschi, René Caro, Jose Castillo, Coordinación Metropolitana, Daniel Escotto, Antonio Esposito, Mexico City Government (Secretaría de Desarrollo Urbano y Vivienda, Secretaría de Cultura and Autoridad del Centro Histórico), Erandi Jiménez, Alberto Kalach, Felipe Leal, Gustavo Lipkau, Rozana Montiel, Arturo Ortíz, Miguel Robles-Durán, Mauricio Rocha, Carlos Rodríguez Bernal, Saidee Springall, Mario Schjetnan, Heidi Sohn, Masters students at DSD – TU Delft.** RESEARCH ARCHITECTURAL PROJECTS: **Jose Castillo, Alonso Martínez, Sandro Schaffner and Citámbulos.**

In Mexiko-Stadt gibt es Fußgängerbrücken, Straßen und Gesetzesinitiativen die nirgendwo hinführen
Schrauben, Muttern, Eisenstangen und Bleche, die aus dem Erdinnern zu kommen scheinen, attackieren die Fußgänger
Die einen leben im Schatten von Bäumen, die anderen unter der großen Wüstensonne

Camouflage
Bordsteine, Stromleitungen und Abwasserkanäle sind außergewöhnliche Lebensräume für die städtische Flora und Fauna
Beryll-Amazilie
Grauseidenschnäpper
Hausgimpel
Carpodacus mexicanus
Dohlengrackel
Hauszaunkönig
Des Pudels Kern